Hrsg.: Susanne Viernickel
Petra Völkel

Ergin Focali

Sprachen und Kulturen sichtbar machen

Interkulturelle Kompetenzen bei Kleinstkindern

1. Auflage

Bestellnummer 50460

Bildungsverlag EINS

Haben Sie Anregungen oder Kritikpunkte zu diesem Produkt?
Dann senden Sie eine E-Mail an 50460@bv-1.de
Autoren und Verlag freuen sich auf Ihre Rückmeldung.

Dr. Ergin Focali unterrichtet Pädagogik und Soziologie an der Fachhochschule für Sozialpädagogik des Pestalozzi-Fröbel-Hauses und der Alice-Salomon Fachhochschule und ist Dozent im Bereich Bildungsmanagement an der Technischen Universität Berlin.

Bildquellenverzeichnis:

Birkefeld, Marion: S. 7, S. 8, S. 11, S. 14, S. 27, S. 28, S. 35, S. 43, S. 44, S. 55, S. 57, S. 62, S. 63, S. 65, S. 73, S. 78, S. 82, S. 87, S. 92, S. 98, S. 103, S. 104, S. 105, S. 107; SPIEGEL-Verlag Rudolf Augstein GmbH & Co. KG: S. 16, S. 17, S. 18; Focali, Suzan: S. 25; Şıkcan, Serap (Projekt Kinderwelten): S. 68; Der Beauftragte des Senats von Berlin für Integration und Migration (Hrsg.)/Gertrud Wagemann (Autorin): S. 114; Arslanoglu, Aysegül/Engin, Havva/Leue, Regina/Walter, Sven: S. 121–129

Umschlagfoto:

mauritius images

Sie finden uns im Internet unter:
www.bildungsverlag1.de
www.bildung-von-anfang-an.de

Bildungsverlag EINS GmbH
Sieglarer Straße 2, 53842 Troisdorf

ISBN 978-3-427-**50460**-3

Inhalt

Vorwort der Herausgeberinnen

Jedes dritte Kind zwischen null und drei Jahren, das heute in Deutschland aufwächst, hat einen Migrationshintergrund. Interkulturelle Kindergruppen, mit einem hohen Anteil an Migrantenkindern, sind deshalb zu einer Normalität im pädagogischen Alltag von Kindertageseinrichtungen und Einrichtungen der Kindertagespflege geworden. Allerdings handelt es sich bei Familien mit Migrationshintergrund nicht um eine homogene Gruppe. Migrationsfamilien unterscheiden sich voneinander durch das Land, aus dem sie kommen, durch die Region (städtisch oder ländlich) in der sie, ihre Eltern oder Großeltern aufgewachsen sind, durch ihre Religion und ihre Sprache, durch ihre Aufenthaltsdauer in Deutschland und den Grund für ihre Zuwanderung (z. B. Arbeitsmigration oder Flucht). Russlanddeutsche Spätaussiedler, die erst vor kurzem nach Deutschland gekommen sind, haben einen gänzlich anderen sprachlichen, religiösen und ethnischen Hintergrund als Familien, deren Großeltern vor über 50 Jahren als so genannte „Gastarbeiter" aus der Türkei zugewandert und geblieben sind. Dieses Buch setzt sich daher zunächst mit der Geschichte der Zuwanderung in die Bundesrepublik Deutschland auseinander und ermöglicht so einen Blick auf die Unterschiedlichkeit und Vielfalt jener Gruppe von Menschen, die heute mit dem Begriff „Migranten" bezeichnet werden.

Von pädagogischen Fachkräften in Kindertageseinrichtungen und in der Tagespflege wird erwartet, dass sie in der Lage sind, konstruktiv mit der Unterschiedlichkeit und Vielfalt umzugehen, die ihnen – nicht nur aber auch – durch den Migrationshintergrund der von ihnen betreuten Kinder und deren Familien begegnet. Häufig fühlen sich Erzieherinnen und Erzieher sowie Tagesmütter und -väter jedoch den Anforderungen, die durch die sprachliche, religiöse und ethnische Vielfalt entstehen, nicht gewachsen. Ein Grund hierfür mag darin liegen, dass ihnen eigene Vorurteile gegenüber einer bestimmten Gruppe von Menschen im Wege stehen, mit denen sie konstruktiv zusammenarbeiten sollen. Für die kritische Auseinandersetzung mit der eigenen sozialen Wahrnehmung und der daraus möglicherweise resultierenden Vorurteilsbildung bietet dieses Buch eine Vielzahl von Übungen an, die zu mehr Toleranz und Empathie im Umgang mit dem „Fremden" führen sollen.

Wenn pädagogische Fachkräfte mit „interkulturellen Irritationen", wie zum Beispiel unterschiedlichen Erziehungsvorstellungen oder religiösen Verhaltensnormen und Ritualen, offen und unvoreingenommen umgehen wollen, braucht es „interkulturelle Kompetenz". Um diese zu erwerben bietet das Buch sowohl theoretische Grundlagen als auch praktische Übungen und Handlungsanleitungen an. Auf dieser Basis wird auch das in den USA von Louise Derman-Sparks und Kolleginnen entwickelte Konzept der „Vorurteilsbewussten Erziehung" und seine Umsetzung in Deutschland vorgestellt.

Gerade in der pädagogischen Arbeit mit Kindern zwischen null und drei Jahren gibt es zwei Bereiche von besonders hoher Bedeutung: die Unterstützung der Sprachentwicklung und die Zusammenarbeit mit den Eltern der Kinder. Im Hinblick auf den Erwerb von Deutsch als Zweitsprache ist es für Erzieherinnen und Erzieher bzw. für Tagesmütter und -väter wichtig, um die Bedeutung der Anerkennung der Erstsprache und um mögliche Stolpersteine beim Zweitspracherwerb zu wissen. Neben der Darstellung der Phasen des Zweitspracherwerbs gibt dieses Buch konkrete Hinweise zur Unterstützung des Sprachlernprozesses bei Kindern, deren Muttersprache nicht Deutsch ist. Dabei ist die Zusammenarbeit mit den Eltern der Kinder unerlässlich. Darüber hinaus gilt es natürlich auch im Hinblick auf andere Themen wie die Eingewöhnung, die Sauberkeitserziehung oder die Entwicklung der Selbstständigkeit, die insbesondere Kinder im Alter zwischen null und drei Jahren beschäftigen, mit allen Eltern unabhängig von ihrem sozialen oder kulturellen Hintergrund zusammen zu arbeiten. Das Buch stellt hier eine Reihe von Möglichkeiten und Methoden vor, die die Zusammenarbeit mit den Eltern im interkulturellen Kontext erleichtern.

Insgesamt eignet sich dieses Buch hervorragend für Erzieherinnen und Erzieher und für Tagesmütter und -väter, interkulturelle Kompetenz als eine spezifische Form der Sozialkompetenz zu erwerben und dadurch Bildungsprozesse von Kindern zwischen null und drei Jahren in Kindertageseinrichtungen und in Kindertagespflege zusammen mit den Eltern der Kinder zu ermöglichen und zu unterstützen. Darüber hinaus findet sich im Anhang des Buches eine Vielzahl von Hinweisen, wo pädagogische Fachkräfte Beratung und Unterstützung für die Arbeit mit Familien mit Migrationshintergrund einholen können.

Petra Völkel und Susanne Viernickel

Danksagung

Für kritische Anregungen danke ich den Studentinnen und Studenten insbesondere des F 5er-Jahrganges der Fachschule des Pestalozzi-Fröbel-Hauses. Weiterhin danke ich den Kindern, Eltern und pädagogischen Fachkräften der VAK – Kindertagesstätte in Berlin-Kreuzberg, namentlich Frau Karhan und Frau Giere. Mein Dank gilt außerdem Frau Prof. Helga Marburger sowie Rüdiger Schalla und Andre Morawski vom Studienmodul „Interkulturelle Kompetenz“ der TU-Berlin. Für das konkrete Zustandekommen dieses Buchs danke ich Ursula, Okay und Suzan Focali sowie Hans Jürgen Greul, Marion Birkefeld, Kristin Pokroppa und Christian Schubert. Außerdem danke ich Frau Prof. Petra Völkel für wichtige Hinweise zu gegebener Zeit.

Gewidmet meiner Tochter Joana und meinem Neffen Sinan

Ergin Focali

1 Einleitung

Yildiz ist zwei Jahre alt, ihr Großvater ist vor über 50 Jahren nach Deutschland eingereist. Sie gehört zur sogenannten dritten Generation ehemaliger Gastarbeiter. Ben ist anderthalb Jahre alt, sein Vater war Bürgerkriegsflüchtling aus dem Sudan. Robert ist drei Jahre alt, er hat eine Mehrfachbehinderung. Judith, zweieinhalb Jahre alt, lebt bei ihrer Mutter, ihre Eltern sind geschieden. Khiems Eltern, sie ist jetzt gerade ein Jahr alt geworden, stammen aus Vietnam und waren als Vertragsarbeiter in der ehemaligen DDR beschäftigt. So oder ähnlich stellt sich die Vielfalt im pädagogischen Alltag mit Kindern dar, die sich aus unterschiedlichen Herkunftsländern, Familienkonstellationen oder z.B. physischen und sozialen Voraussetzungen heraus ergibt.

1 Einleitung

„Interkulturelle Kindergruppen" sind heute „Normalität" im pädagogischen Alltag.

Fast ein Fünftel der Bevölkerung in Deutschland, das sind rund 15 Millionen Menschen, haben einen Migrationshintergrund. Viele dieser Menschen sind in Deutschland geboren, mehr als die Hälfte besitzt die deutsche Staatsangehörigkeit (vgl. Bundesregierung, 2007)[1]. Bei den unter 25-Jährigen hat bereits jeder Vierte einen Migrationshintergrund, bei den Kindern unter drei Jahren jedes dritte Kind. Diese Tatsachen machen die Notwendigkeit deutlich, Bildungsprozesse auch unter dem Aspekt interkulturellen Lernens zu reflektieren und den Erwerb interkultureller Kompetenz als eine spezifische Form der Sozialkompetenz zu betrachten. Dies gilt jedoch nicht nur für den pädagogischen Umgang mit Kindern und deren Eltern, die einen Migrationshintergrund haben. Vielmehr ist unser tägliches Leben gekennzeichnet von unterschiedlichen Lebensweisen und Lebensbedingungen, Erziehungsvorstellungen, biografischen Veränderungen, medialen Einflüssen, politischen und gesellschaftlichen Veränderungen.

Kennzeichen der heutigen Welt, in die Kinder hineinwachsen, ist Vielfalt. Der konstruktive Umgang mit Vielfalt ist, was durch interkulturelles Lernen angestrebt wird.

Die Welt, in der wir leben und in die Kinder heute hineinwachsen, ist insgesamt gekennzeichnet von Unterschiedlichkeiten und Vielfalt. Die Fähigkeit zum konstruktiven Umgang mit dieser Vielfalt aber ist es, was interkulturelles Lernen anstrebt und was unter interkultureller Kompetenz verstanden wird. Für die pädagogischen Fachkräfte in Kindertageseinrichtungen und Tagepflege ergeben sich hieraus folgende Fragen:

- Wie können pädagogische Fachkräfte in ihrer täglichen Arbeit den vielfältigen Wandlungsprozessen und der damit verbundenen kulturellen Vielfalt gerecht werden?
- Was können pädagogische Fachkräfte ganz praktisch tun, um Kinder mit und ohne Migrationshintergrund in der wichtigen Phase bis zum Alter von ca. drei Jahren in ihrer Entwicklung auch unter dem Aspekt sprachlicher und kultureller Vielfalt zu fördern?
- Wie kann schließlich ein pädagogischer Beitrag zur viel beschworenen Integration als einem partnerschaftlichen und gleichberechtigten Miteinander geleistet werden?

In diesem Buch werden Möglichkeiten aufgezeigt, wie Sie sich als pädagogische Fachkraft alleine oder mit Ihrem Team schrittweise darüber Sicherheit verschaffen können, pädagogische Situationen in interkulturellen Zusammenhängen konstruktiv zu gestalten.

Ziele: Zugang zum Erwerb von interkultureller Kompetenz, einer spezifischen Sozialkompetenz.

Ein Ziel ist, den Zugang zum Erwerb von interkultureller Kompetenz, einer spezifischen Sozialkompetenz, aufzuzeigen.

---

1 *Als Download unter http://www.bundesregierung.de.*

Ziel ist ebenfalls, exemplarisch für konkrete Praxissituationen eine Handreichung für den pädagogischen Umgang mit Kindern im Alter bis drei Jahren und deren Eltern zu haben, die über unterschiedliche sprachliche oder kulturelle Hintergründe verfügen.

Handreichung für den pädagogischen Umgang mit Kindern im Alter bis drei Jahren und Eltern, die über unterschiedliche sprachliche oder kulturelle Hintergründe verfügen.

Um gesellschaftliche Realitäten im Hinblick auf kulturelle Vielfalt angemessen einordnen zu können, wird im Rahmen dieses Buches nicht ganz auf die Vermittlung von theoretischen Grundlagen verzichtet.

Kurzer Blick auf die ‚Geschichte der Zuwanderung in der Bundesrepublik': *Kenntnis der Vielfalt von Migrationsursachen. Rückschlüsse auf pädagogische Anforderungen.*

Zu den theoretischen Grundlagen gehört ein kurzer Überblick über die Migrationsgeschichte in der Bundesrepublik, die „Teil unserer Geschichte" („Nationaler Integrationsplan") ist. Dieser kurze Blick auf eben jene „Geschichte der Zuwanderung in der Bundesrepublik" lohnt sich auch, um etwas über die Vielfalt von Migrationsursachen zu erfahren und Rückschlüsse auf die Anforderungen an die pädagogisch Handelnden bzw. auf die Erfordernisse interkulturellen Lernens zu ziehen.

Was bedeutet überhaupt Kultur und wie erwirbt man interkulturelle Kompetenz?

Wie in allen pädagogischen Zusammenhängen ist auch für das interkulturelle Arbeitsfeld die eigene innere Haltung von wesentlicher Bedeutung. So ist ein positiver Blick auf das Kind für die pädagogische Arbeit unabdingbar. Der positive Blick auf ‚Fremdes' ist uns im Alltagsleben hingegen nicht zwangsläufig mitgegeben. Folgen wir der Pädagogin Helga Losche (1995), so beginnt die Auseinandersetzung mit dem „Fremden" beim Verstehen des „Eigenen". In diesem Sinne wird, ausgehend von der Selbstreflexion über eigene kulturelle Normen und Werte geklärt, was überhaupt Kultur bedeutet und wie man interkulturelle Kompetenz als eine der heute wesentlichen sozialen Kompetenzen erwirbt.

Auf der Basis dieser theoretischen Grundlagen werden dann spezifische Themenbereiche, die einen engen Bezug zu pädagogischen Alltagserfahrungen aufweisen, erörtert. Hierzu werden praktische Handreichungen, Methoden und Anwendungsmöglichkeiten für die interkulturelle Arbeit mit Kindern bis drei Jahren und deren Eltern vorgestellt.

„Vorurteilsbewusste Erziehung": *Methoden für die interkulturelle Arbeit mit Kindern bis drei Jahren und deren Eltern.*

Diese sind zum Teil am Konzept „Vorurteilsbewusster Erziehung" angelehnt, welches in den USA von Louise Derman-Sparks und Kolleginnen entwickelt wurde und sich heute zum Beispiel im bundesweiten Projekt „Kinderwelten" zur vorurteilsbewussten Bildung und Erziehung in Kindertageseinrichtungen wiederfindet.

Unterstützung von Sprachlernprozessen für Kinder mit Deutsch als Zweitsprache

Konkrete Handreichungen werden auch zum Thema Unterstützung der Sprachentwicklung für Kinder mit Deutsch als Zweitsprache vorgestellt. Wie fördert man das Kind angemessen und wie steht man beispielsweise zum nichtdeutschen Sprachgebrauch im Elternhaus?

„Interkulturelle Zusammenarbeit mit Eltern"

Am Thema Sprachentwicklung wird die Bedeutung eines weiteren wichtigen Bereiches interkultureller Arbeit deutlich, der Zusammenarbeit mit Eltern. Gerade in der pädagogischen Arbeit mit Kindern der Altersgruppe bis drei ist eine intensive Zusammenarbeit mit Eltern unabdingbar. Wie ist aber eine erfolgreiche interkulturelle Zusammenarbeit gerade vor dem Hintergrund sprachlicher und möglicherweise kultureller Differenzen möglich? Welche Beispiele gibt es und worauf muss man achten? Zum Thema „Interkulturelle Zusammenarbeit mit Eltern" werden hier eine Reihe von Arbeitshilfen und Anregungen exemplarisch vorgestellt.

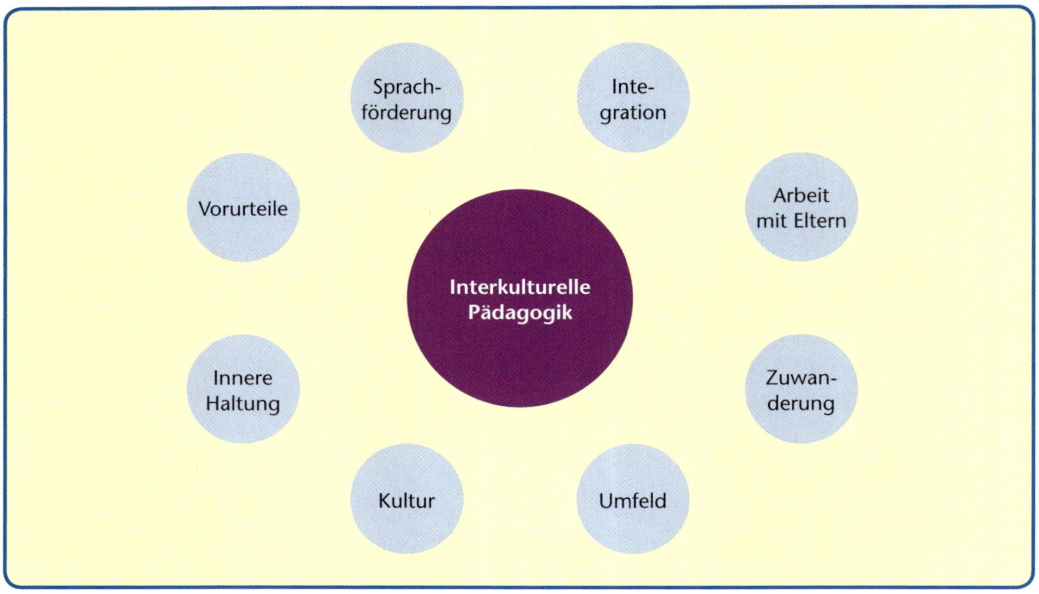

Die Vielfalt gesellschaftlicher Wandlungsprozesse drückt sich auch in einer Vielfalt pädagogischer Fragestellungen aus.

Natürlich handelt es sich bei den genannten Themen um ausgewählte Bereiche. Die Vielfalt gesellschaftlicher Wandlungsprozesse drückt sich auch in einer Vielfalt pädagogischer Fragestellungen aus. Die vorliegende exemplarische Auswahl soll es aber im Alltag ermöglichen, Rückschlüsse auf andere wichtige Themenbereiche zu ziehen. Wenn man zum Beispiel Methoden für eine erfolgreiche Zusammenarbeit mit ausländischen Eltern kennt, kann man besser Informationen über deren Erziehungsvorstellungen erhalten.

Kooperationspartner und Anlaufstellen

Die hier vorgestellten Projekte und die dafür notwendigen Materialien sind zum Teil über das Medium Internet abruf- bzw. bestellbar und somit auch ein Beispiel für Kooperationen bzw. Angebote zur Bildungs- und Unterstützungsarbeit. Darüber hinaus gibt es regional wie überregional wichtige Kooperationspartner und Anlaufstellen, über die ebenfalls eine Übersicht zur Orientierung gegeben wird. Sie finden im Anhang zahlreiche Hinweise, wo man bei Fragen und Problemen Rat und Tat erhalten kann, wer bei wichtigen Fragen angesprochen werden kann, wer mögliche Kooperationspartner sind und welche Bildungs- und Unterstützungsangebote es für Migranten und pädagogische Fachkräfte gibt.

Im Anhang finden Sie darüber hinaus Arbeitshilfen für die Praxis, Materialien zur Evaluation und weitere Übungsvorschläge zur interkulturellen Sensibilisierung sowie Literaturhinweise.

2 Migration und Pädagogik

Yildiz ist zwei Jahre alt. Heute wird sie von ihrer Mutter, Frau Demiroglu, in einer Kita vorgestellt. Beide sind sehr aufgeregt. Ihr Großvater Ibrahim Demiroglu ist 1957, sechs Jahre vor dem Bau der Berliner Mauer als junger Mann nach Deutschland gekommen. Er war einer von ca. 14 Millionen Ausländern, die von 1955 bis 1973 als Gastarbeiter von der Bundesanstalt für Arbeit bzw. großen deutschen Firmen wie Siemens oder AEG angeworben wurden. Fünf Jahrzehnte sind seit der ersten Anwerbung ausländischer Arbeitskräfte vergangen. Heute leben in Deutschland ca. 15 Millionen Menschen, die wie Yildiz einen Migrationshintergrund haben. Die Lebenssituation dieser 15 Millionen Menschen ist sehr unterschiedlich. Und so lohnt sich ein kurzer Blick auf die Geschichte der Zuwanderung in der Bundesrepublik, um erste Kenntnis über die unterschiedlichen Lebenslagen von Menschen mit Migrationshintergrund zu erlangen und so Rückschlüsse auf die interkulturelle pädagogische Arbeit ziehen zu können.

2 Migration und Pädagogik

Darum geht es

Wenn Sie im interkulturellen Kontext arbeiten, heißt dies in der Regel, dass Sie auf Menschen mit Migrationshintergrund treffen. Wer aber sind diese Menschen, was waren Gründe dafür, dass sie nach Deutschland gekommen sind, wie leben sie heute? Wie stehen Sie selbst zu Migranten? Diese und ähnliche Fragen sollen im folgenden Kapitel angesprochen und geklärt werden. Ziel ist es, neben der Vermittlung von Hintergrundwissen (über Migranten und deren Geschichte aber auch über die damit verbundenen Aspekte deutscher Nachkriegsgeschichte), eine Art persönliches Leitbild für die Arbeit mit dieser Zielgruppe zu entwickeln. Was ist über das zentrale Anliegen – Förderung und Erziehung des Kindes – hinaus die spezifisch interkulturelle Herausforderung, die sich für Ihre Arbeit ergibt?

Folgenden Fragen wird nachgegangen:

- Was bedeutet eigentlich „Migration"?
- Welche historische Bedeutung hatte Einwanderung für die Entwicklung Deutschlands?
- Wie sieht die Situation von Migranten in Deutschland heute aus?
- Welche Folgerungen ergeben sich daraus für die pädagogische Arbeit?

Bedeutung der Einwanderung für die gesellschaftliche Entwicklung Deutschlands und Rückschlüsse für die pädagogische Arbeit.

Um diesen Fragen auch in Ihrem Team nachzugehen, werden Ihnen Übungen angeboten, mit deren Hilfe Sie sich mit dem Begriff der Migration und der Situation von Migranten auseinandersetzen können. Am Schluss des Kapitels finden Sie eine kurze, stichwortartige Zusammenfassung zum Thema „Migration und Pädagogik" und ein Beispiel aus der Praxis zur Entwicklung eines interkulturellen Leitbildes, dass als Anregung zur Leitbildentwicklung für Ihre eigene Einrichtung gedacht ist.

Beginnen können Sie mit einer Übung zum Wissenstand über das Thema „Migration".

ÜBUNG

Überprüfen Sie zunächst alleine oder im Team ihren Wissensstand bezüglich der Migrationsentwicklungen in Deutschland:

1. Was heißt Migration, wer oder was sind Migranten?
2. Wann kamen die ersten Migranten nach Deutschland?
3. Was war der Grund und wie war ihr anfänglicher Aufenthaltsstatus geregelt?
4. Warum blieben einige und was änderte sich dadurch?
5. Wie reagierte die Politik, die Pädagogik, die Gesellschaft auf die Entwicklungen?
6. Welche weiteren Gründe für Zuwanderung gab es? Zählen Sie einige Zuwanderergruppen auf.

7. Wie haben sich die rechtliche und die gesellschaftliche Situation der Migranten heute verändert?
8. Wie stehen Sie selber zum Thema Zuwanderung, kennen Sie Zuwanderer?
9. Welche Vorurteile haben Sie?
10. Was glauben Sie, welche Vorurteile Migranten über Deutsche haben könnten?
11. Welche prominenten Migranten kennen Sie, die in Deutschland leben/arbeiten? In welchem Bereich sind diese tätig, was für ein Bild wird durch sie erzeugt?
12. Welche Chancen bieten Migration und die Migranten heute?
13. Was ist Ihr persönlicher Hintergrund, sich mit interkultureller Arbeit zu beschäftigen? Wie sieht Ihr persönliches Leitbild für die Arbeit im interkulturellen Zusammenhang aus?

Rückschlüsse zur Übung

Es gibt eine Vielzahl von Faktoren, die zur sprachlichen, religiösen oder ethnischen Vielfalt geführt haben, die sich in der multikulturellen Gesellschaft finden, in der wir leben. Diese Vielfalt wird hervorgerufen durch den europäischen Einigungsprozess, die sogenannten Globalisierungsprozesse und durch die Ein- und Auswanderungen, die die Migrationsbewegungen ausmachen. Auf diese Vielfalt einzugehen, sie in das pädagogische Handeln mit einzubeziehen und zu berücksichtigen, ist Aufgabe und Ziel von interkultureller Erziehung und Bildung. Der Pädagoge Otto Filtzinger (2006) hält hierzu fest:

> *„Interkulturelle Erziehung und Bildung wird heute immer mehr als Bestandteil europäischer Allgemeinbildung betrachtet" (Filtzinger 2006, S. 218 f.).*

Dabei hat sich im Laufe der Jahre die pädagogische Herangehensweise verändert, um auf die veränderte Erziehungspraxis und die entsprechenden Anforderungen zu reagieren. Dies zeigt sich aktuell sehr deutlich an der durch die PISA-Studien ausgelösten Diskussion um „Bildung von Anfang an". Themen wie Bildungsbenachteiligung von Kindern und Jugendlichen mit Migrationshintergrund, aber auch mangelnde Sprachkenntnisse und damit verbunden die Bedeutung von frühkindlicher Förderung und Einbeziehung der Eltern sind durch die internationalen Vergleichsstudien wie PISA oder IGLU[1] verstärkt in das allgemeine gesellschaftliche Bewusstsein gerückt. So ist man sich heute darüber im Klaren, dass es sinnvoll ist, möglichst früh interkulturelle Lernprozesse zu initiieren. Kinder verfügen im Umgang mit Neuem, mit Verschiedenheit und Vielfalt über eine Unbefangenheit und Neugierde, die Erwachsenen oft fehlt. Auch finden entscheidende Phasen der Entwicklung, so die Sprachentwicklung, bereits im frühkindlichen Alter statt. Um den heutigen Stand „Interkultureller Pädagogik", aber auch die Entwicklung dort-

1 *PISA = „Programm for International Student Assessment", IGLU= Internationale Grundschul-Leseuntersuchung*

hin angemessen nachvollziehen zu können, sollen im Folgenden Phasen der Migration beschrieben und analog dazu einige pädagogische Hauptströmungen, die auf die Migrationen Bezug nehmen, vorgestellt werden. Zunächst soll hier aber kurz geklärt werden, wer oder was Migranten überhaupt sind.

Von der Ausländerpädagogik zum Inter- bzw. Transkulturellen Ansatz

Normalfall Migration

2.1 Zum Begriff „Migration"

Mit „Migration" meint man die Wanderung von Individuen oder Gruppen im sozialen oder geografischen Raum. Es ist also ein Wechsel des Aufenthaltsortes oder des sozialen Status gemeint, oft gehen diese miteinander einher. Für solch einen Wechsel kann es unterschiedlichste Gründe oder Ursachen geben. Die häufigsten Gründe z. B. das Geburts- oder Herkunftsland bzw. den Ort, in dem man gerade lebt, zu verlassen, sind beruflicher und privater Natur, aber auch Flucht. So können Mitarbeiter von Firmen für bestimmte Zeiten z. B. auf Montage in einer auswärtigen Niederlassung arbeiten. Es können aber auch Arbeitsmigranten wegen Arbeitermangel in ein anderes Land geholt werden oder wegen Arbeitsmangel in ein anderes Land gehen. Für diese Menschen wurde früher der Begriff Gastarbeiter verwendet. Private Gründe für Migration können z. B. der Nachzug von Verwandten sein. Schließlich gibt es Menschen, die auf der Suche nach Schutz vor Verfolgung oder nach Hilfe in sozialer oder wirtschaftlicher Not aus ihrem Land flüchten.

Migranten bilden keine homogene Gruppe.

Bei Migranten handelt es sich demnach um keine homogene Gruppe. Sie unterscheiden sich z. B. durch das Land, aus dem sie kommen, die Region (Stadt, Land), die Religion, ihre Aufenthaltsdauer und den Grund ihrer Zuwanderung und wie alle Bevölkerungsgruppen durch ihren Beruf oder ihre Schichtzugehörigkeit, ihre Familienstruktur, ihr Alter oder ihre Werte.

Migration ist kein neues Phänomen.

Migration ist auch kein neues Phänomen. So wanderten z. B. von der Mitte des 19. Jahrhunderts bis kurz vor dem Zweiten Weltkrieg knapp sechs Millionen Menschen aus dem heutigen Gebiet der Bundesrepublik auf der Suche nach besseren ökonomischen Bedingungen vor allem nach Amerika aus. Gleichzeitig fehlten mit Beginn der Industrialisierung im 19. Jahrhundert z. B. im Ruhrgebiet Arbeitskräfte. Schon damals wurden polnische Männer als günstige Arbeitskräfte angeworben. Viele blieben, was man an zahlreichen polnischen Nachnamen heute noch erkennt. Ein Beispiel für fluchtbedingte Migration zu dieser Zeit sind die aus Frankreich vertriebenen Hugenotten, die in Preußen Zuflucht fanden. Auch zum Ende des Zweiten Weltkriegs gab es Millionen deutscher Flüchtlinge und Vertriebener.

ÜBUNG ZUR EIGENEN MIGRATIONSGESCHICHTE

Vielleicht haben auch in Ihrer Familiengeschichte Wanderungen stattgefunden. Forschen Sie nach Ihrer eigenen Migrationsgeschichte. Dies kann recht spannend sein und kann als erster persönlicher Einstieg auch zur Sensibilisierung für das Thema beitragen. Hier ein paar Fragen, die Sie alleine oder mit einem Interviewpartner erörtern können:

1. Welche Bedeutung hat mein Name (Vor-/Nachname)? Woher kommt er?
2. Sind Sie selbst bereits gewandert oder haben/hatten Sie vor, dies zu tun? Was sind/waren die Gründe?
3. Gab es Wanderungsgeschichten in Ihrer Familie und welche waren die Gründe?
4. Welche Bedeutung haben/hatten mögliche Wanderungsgeschichten in Ihrer Familie und welche Bedeutung hat Ihre Familiengeschichte für Sie?
5. Gab/Gibt es bestimmte Rituale/Bräuche, die für Ihre Familie „typisch" sind, haben diese religiöse oder kulturelle Hintergründe oder mit einer Wanderungsgeschichte zu tun?

Rückschlüsse zur Übung

Oftmals wird durch diese erste Sensibilisierungsübung deutlich, dass Migrationen, also Wanderungen, zur jeweils eigenen Familiengeschichte dazugehören, ohne dass wir uns dessen im Alltag bewusst sind. Dabei muss es sich nicht nur um Wanderungen in ein anderes Land handeln. Ziel ist es, ein verstärktes Verständnis für die Vielfalt von Gründen für Migration (z. B. Ortswechsel durch Heirat, berufliche Veränderung etc.) zu entwickeln. Gleichzeitig wird über mögliche generationenübergreifende Bedeutung von Wanderungen reflektiert. Diese Übung ist auch zum Kennenlernen im Team geeignet, es entstehen eine Reihe weitergehender Fragen und Perspektiven.

2.2 Phasen der Zuwanderung in der Bundesrepublik und Herausforderung für die Pädagogik

Lange vor der Gründung der Bundesrepublik (und der DDR) hatte Deutschland eine Ein- und Auswanderungstradition. Vielleicht spiegelt sich diese auch in Ihrer Familiengeschichte wider. Nach dem Zweiten Weltkrieg gab es in der Bundesrepublik mehrere Phasen der Zuwanderung, die einerseits die gesellschaftlichen Entwicklungen der jeweiligen Zeit widerspiegeln und aus denen sich andererseits unterschiedliche Herausforderungen für die pädagogische Praxis ergaben (vgl. Meier-Braun 2002):

- 1. Phase (ca. 1952–1973): Phase der Anwerbung von Gastarbeitern als Folge des Arbeitskräftemangels in dieser Zeit.
- 2. Phase (ca. 1973–1982): Phase des Anwerbestopps und der Konsolidierung.
- 3. Phase (ca. 1982–1990): Ausländerpolitische Wende in der Bundesrepublik.
- 4. Phase (ca.1990–1998): Verstärkte Auseinandersetzung mit dem Thema Asylpolitik.
- 5. Phase (seit 1998): Auseinandersetzung mit der Frage: Ist Deutschland ein Einwanderungsland?

1. Phasen der Zuwanderung von 1952–1973: *Anwerbephase, ausgelöst durch den Arbeitskräftemangel in dieser Zeit. 14 Millionen Ausländer kamen, 11 Millionen kehrten wieder in ihre Heimatländer zurück.*

In der Zeit von 1952–1973, der Anwerbephase, kamen ausländische Arbeitskräfte wie Yildiz' Opa aus der Türkei, andere z. B. aus Griechenland, dem damaligen Jugoslawien, Italien oder Spanien. Sie und ihre Familien bilden bis heute die größte Gruppe der in Deutschland lebenden Menschen mit Migrationshintergrund. Anfangs lebten sie oft in isolierten Sammelunterkünften und hatten zunächst nur Zeitverträge. Die meisten von ihnen arbeiteten in der Industrie oder an „unattraktiven" Arbeitsplätzen wie z. B. bei der Müllabfuhr. Es herrschte das Rotationsprinzip vor. Der Aufenthalt der ersten Gastarbeitergeneration war (in der Regel auf ein Jahr) befristet, Zugang zum gesellschaftlichen Leben oder gar Integration war nicht vorgesehen. Da das Rotationsprinzip für die Wirtschaft wegen der Einarbeitungszeiten unrentabel war, wurden die Arbeitsverträge für einen Teil der ausländischen Arbeitnehmer verlängert. Es entstand der Wunsch, Familienangehörige nachzuholen oder Familien zu gründen (etwa 50 % der Gastarbeiter waren Frauen). Auch wurden Ehen zwischen den Migranten und Deutschen also bi-nationale Ehen geschlossen. Insgesamt kamen in der „Anwerbephase" oder „Gastarbeiterperiode" bis zum Anwerbestopp 1973 rund 14 Millionen Ausländer in das Bundesgebiet, elf Millionen von ihnen kehrten wieder zurück.

Ausländerpädagogik *Karitative Hilfe für Migranten*

Pädagogisch war diese erste Phase der Zuwanderung durch die Bemühungen gekennzeichnet, den Gastarbeitern ein Mindestmaß an Hilfestellung zur Verfügung zu stellen. Da in vielen Bundesländern die Schulpflicht für „Gastarbeiterkinder" erst sehr spät eingeführt wurde, hatten noch 1975 drei Viertel der 15 bis 24-jährigen Migranten keinen Schulabschluss und zwei Drittel keine berufliche Ausbildung erhalten, wie der Deutsche Caritasverband feststellte. Schon

Das Titelbild symbolisiert die erste Phase der Ausländerpolitik. Überlegen Sie bei diesem und den folgenden Titelbildern, welche Aussage diese machen und welche Gefühle und Assoziationen geweckt werden.[1]

1 *Die Idee entstammt den ‚Unterrichtsideen' Bd. II, Weggehen- Angekommen- Migration in der Geschichte, Bundeszentrale politische Bildung (http://www.bpb.de), 2002, S. 68.*

damals wurden die Migrantenkinder als *„Problem- oder Risikokinder beschrieben und somit stigmatisiert. Ihre ‚Defizite' sollten durch Sonderprogramme und Fördermaßnahmen kompensiert werden"* (Filtzinger, 2006, S. 218). So gab es beispielsweise sogenannte Türkenklassen, in denen ausschließlich türkischsprachige Kinder durch zumeist ausschließlich deutschsprachige Lehrkräfte unterrichtet wurden[1].

Zuwanderung in der DDR

Auch in der damaligen DDR gab es Zuwanderung, jedoch in weit geringerem Umfang als in der Bundesrepublik. Auch hier war der Grund der Arbeitskräftemangel, der vor allem durch die Abwanderung eines erheblichen Teils der Bevölkerung in den Westen entstanden war. So wurden in der DDR rund 500 000 Arbeitskräfte angeworben, sie kamen z. B. aus Vietnam, Polen oder Mosambik. Sie lebten allerdings fast völlig isoliert von der einheimischen Bevölkerung. Auch gab es Zuwanderung aus fluchtbedingten Gründen z. B. aus Chile.

2. Phase der Zuwanderung von 1973–1980:
Anwerbestopp und Konsolidierung

1973 wurde im Zuge der Ölkrise, einer weltweiten Wirtschaftskrise, ein Anwerbestopp verfügt. Während ein großer Teil der Arbeitnehmer in die Heimatländer zurückgekehrt war, galt es nun die Situation der ca. vier Millionen in Deutschland verbliebenen ausländischen Arbeitnehmer zu festigen. Und so bezeichnet man die zweite Phase der Ausländerpolitik in Deutschland als so genannte Konsolidierungsphase.

Wie auch andere Gastarbeiter holt Yildiz' Opa Anfang 1974 im Rahmen des Familiennachzuges seine Frau nach Deutschland. Auch ihre Wohnsituation verändert sich. Sie ziehen wie viele andere Gastarbeiter vom Wohnheim in eine Wohnung. Ihre Verteilung in den Bezirken der Städte erfolgt allerdings nicht gleichmäßig. U. a. aufgrund geringerer Mietpreise ziehen ausländische Familien in Gegenden mit geringem Wohnwert; es entstehen sog. „Ausländerviertel"[2].

Multikultureller Ansatz
Berührungsängste durch Begegnungen abbauen (z. B. Folkloreabende).

Als deutlich wurde, dass ein Teil der Migranten dauerhaft in Deutschland leben würde, änderte sich die pädagogische Grundhaltung. Vor dem Hintergrund, dass in Deutschland zukünftig viele (= Multi) Kulturen nebeneinander existieren würden, wurde der pädagogische Auftrag nun vor allem darin gesehen, Berührungsängste durch Begegnungen mit anderen Kulturen abzubauen. Beispiele hierfür sind türkische Folkloreabende in der Kita. Allerdings gibt es natürlich auch Veränderungen innerhalb der Migrantengruppen. Gerade die zweiten oder gar dritten Generationen von Migranten kennen die ihnen zugeschriebenen kulturellen Eigenheiten aus den Herkunftsländern ihrer Eltern oder Großeltern oft auch nur noch aus touristischen Erfahrungen. Es wird immer deutlicher, dass sich Kulturen verändern und soziale und gesellschaftliche Strukturen (Arbeitslosigkeit, Bildungsstand u. ä.) z. T. größeren Einfluss auf die Lebensgestaltungen der Menschen haben, als die über Generationen verblassende Herkunftskultur.

---

1 *Zur aktuellen Bildungssituation von Migranten, vgl. Deutscher Bundestag, Sechster Bericht über die Lage der Ausländerinnen und Ausländer in Deutschland, Berlin 2005, S. 25 ff.*

2 *Zur aktuellen Wohnsituation von Migranten, vgl. Deutscher Bundestag, 2005, S. 67 ff.*

3. Phase von ca. 1982–1990:
Wende in der Ausländerpolitik

1982 kam es in der Bundesrepublik zur sogenannten politischen Wende, der Wahl von Helmut Kohl zum Bundeskanzler. Parallel zum rasanten Anstieg der Arbeitslosigkeit in den 80er Jahren wurde nun immer wieder darauf hingewiesen, dass mit einem Anteil von 4,65 Millionen Ausländern die Grenze der Belastbarkeit erreicht sei. Ausländer wurden durch finanzielle Anreize zur Rückkehr aufgefordert. Für viele, wie z. B. für Yildiz' Familie, war Deutschland aber inzwischen zu ihrem Lebensmittelpunkt geworden. In dieser Zeit nahm die Ausländerfeindlichkeit massiv zu, Rechtsradikale verübten schon Ende der 80er Jahre Anschläge auf Asylbewerberheime.

Mit Ende des „Kalten Krieges" und dem Zusammenbruch der sozialistischen Staatengemeinschaft stieg auch die Zahl von Migranten in den 90er Jahren phasenweise stark an. So waren es vor allem Bürgerkriegsflüchtlinge aus Ex-Jugoslawien und Aussiedler aus den ehemaligen Sowjetrepubliken, die Anfang bis Mitte der 90er Jahre nach Deutschland kamen.

4. Phase von 1991–1998:
Asylpolitik im Fordergrund

Zur gleichen Zeit war die Arbeitslosigkeit vor allem in den neuen Bundesländern noch einmal angewachsen, für die ehemaligen Bürger der DDR ein neues Phänomen. Sie lag Anfang der 90er Jahre bei ca. 4,5 Millionen. Die Angst vor Arbeitslosigkeit, politische Aussagen wie „das Boot ist voll" und der Umstand, dass ein großer Teil der Flüchtlingsheime in soziale Randlagen mit hoher Arbeitslosigkeit verlegt wurde, erzeugten eine feindliche Stimmung gegen Ausländer und Zugewanderte. Es kam zu zahlreichen Übergriffen auf Migranten, aber auch auf andere Teile der Bevölkerung (Obdachlose, behinderte Menschen).

Aktuelle Phase 1998–heute:
Bekenntnis zu Deutschland als Einwanderungsland?

Aktuell stehen die neuen Gesetze zur Staatsangehörigkeit und Zuwanderung sowie eine intensive Debatte um das Thema Integration im Vordergrund. Das Staatsangehörigkeitsrecht bisher nach dem ius sanguines[1] geregelt, wurde um das ius soli[2] ergänzt. D. h. Kinder, deren ausländische Eltern in Deutschland einen gesicherten Aufenthaltsstatus haben, erhalten automatisch die deutsche Staatsangehörigkeit. Zuwanderung wird vor allem an die ökonomischen Erfordernisse der Bundesrepublik geknüpft (z. B. Greencard).

1 *Ius sanguines = ‚Blutsrecht'= wenn die Vorfahren Deutsche waren, haben auch die Nachfahren das Recht auf die deutsche Staatsangehörigkeit, z. B. Aussiedler.*

2 *Ius soli = Territorial- oder Geburtsrecht = wenn jemand in einem Land geboren wird, hat dieser Mensch das Recht auf die Staatsangehörigkeit diese Landes, gilt z. B. in den USA oder in Frankreich. Weitere Informationen hierzu unter http://www.bmi.de.*

2.3 Zur Situation von Migranten heute

Seit den 1990er Jahren bis heute, 50 Jahre nach den Anwerbungen von Gastarbeitern, haben sich im Hinblick auf die Integration von Migranten zahlreiche wichtige Entwicklungen vollzogen. Dies bezieht sich auch auf die Integrationspolitik. Hier gab es vor allem durch das neue Staatsangehörigkeitsrecht für einen Teil der Migranten Einbürgerungserleichterungen, die gerade für die neu heranwachsenden Generationen einen wesentlichen Identifikationsbestandteil darstellen. So haben viele Migranten mittlerweile in Deutschland Wohneigentum erworben, ein deutliches Signal dafür, wo der Lebensmittelpunkt auch für die nachfolgende Generation gesehen wird[1]. Zahlreiche Migranten haben sich in Deutschland selbstständig gemacht und stellen einen unverzichtbaren Bestandteil der innerdeutschen Wirtschaftskraft dar, die auch spürbar den deutschen Arbeitsmarkt entlastet. Türkische Selbständige z. B. machen aktuell bereits einen Jahresumsatz von 26 Milliarden Euro und beschäftigen 400 000 Menschen in unterschiedlichen Branchen. Die Tendenz diesbezüglich ist steigend, im Jahr 2010 soll es bereits 100 000 Betriebe mit 700 000 Beschäftigten geben, die durch türkischstämmige Bürger gegründet wurden bzw. werden, so die Prognosen. Unter Jugendlichen gibt es bereits einen eigenen deutsch-türkischen Jugendtrend. Die jungen Menschen der zweiten und dritten Generation weisen durchschnittlich einen wesentlich besseren Schul-, Sprach-, und Ausbildungsstand auf als die erste Generation der Gastarbeiter. Und das, obwohl in Deutschland Bildungs- und Berufsstand der Kinder nach wie vor eng an den Bildungs- und Berufstand der Eltern gebunden ist, dies gilt für alle Bevölkerungsgruppen.

Inwieweit diese Multikulturalität innerhalb der deutschen Mehrheitsgesellschaft schon als „Normalität" Eingang gefunden hat, muss Gegenstand der Eigenbewertung bleiben. So hat die Süssmuth-Kommission[2] (vgl. Auernheimer 2007, S. 64) in ihrem Bericht im Jahr 2000 folgende Punkte festgehalten:

- Während 1999 unter deutschen Schülern 29 % die allgemeine Hochschulreife erreichten, waren dies unter ausländischen Schulabsolventen nur 10,9 %.
- Während 12 % der jungen deutschen Erwachsenen ohne Schulabschluss sind, betrifft diese 40–50 % der Vergleichsgruppe ausländischer Herkunft.
- Auch die Arbeitslosenquote ist unter der ausländischen Bevölkerung immer noch doppelt so hoch wie unter (West-)Deutschen.
- Deutschland hat innerhalb der EU (Ausnahme Portugal) die niedrigste Einbürgerungsquote.
- Der Bau von Moscheen wird oftmals immer noch durch baurechtliche oder andere Vorwände behindert, sodass islamische Gebetshäuser zumeist in Hinterhöfen verbleiben müssen.
- Minderheitensprachen tauchen bis auf wenige Ausnahmen kaum als Unterrichtsprache in Schulen auf.

---

1 *Bis 2003 haben z. B. über 160 000 türkische Haushalte Wohneigentum in Deutschland erworben" Studie (Januar 2005) des Essener Zentrums für Türkeistudien, weitere Daten und Fakten zur Situation speziell der türkischen Migranten finden Sie unter http://www.zft-online.de oder http://www.integrationsportal.nrw.*

2 *Benannt nach der ehemaligen Bundesministerin Rita Süssmuth.*

Interkulturelle Ansätze: *Aushandlung der Prozesse „Zwischen den Kulturen"*

Gerade diese Aspekte machen die Bedeutung interkultureller Bildungsprozesse deutlich, die auf Veränderungen sowohl bei Einwanderern als auch innerhalb der Einwanderungsgesellschaft abzielen.

Je mehr für die deutsche Einwanderungsgesellschaft die Einflüsse und der Austausch mit Migranten und anderen Ländern, Kulturen etc. Lebensrealität wurde, erwuchs aus der Vorstellung des vielen Nebeneinanders (Multi-Kulti) nach und nach das Gefühl, die „Räume dazwischen mit Leben zu erfüllen". Dies griffen interkulturelle Ansätze auf, die dem Begriff Kultur nunmehr eine stärkere Aufmerksamkeit widmeten und ihn auch kritisch hinterfragten. Interkulturelle Pädagogik (Inter = Zwischen) soll also die Menschen in einer multikulturellen Gesellschaft befähigen, miteinander friedlich und demokratisch zusammenzuleben. Für den Bereich der frühkindlichen Erziehung formuliert Otto Filtzinger (2006) es so:

> *„Interkulturelle Bildung im frühen Kindesalter hat die Funktion, die multikulturelle Lebenswelt der Kinder lebenswert zu gestalten und sie als Spielraum kreativ und produktiv zu nutzen, um situationsorientiert und perspektivisch Handlungsfähigkeit und Orientierung für das Leben in einer von Multikulturalität geprägten offenen Gesellschaft, in einem demokratischen Europa der Bürger und in einer durch Informations- und Kommunikationstechnologien revolutionierten Welt zu entwickeln. Der Erwerb interkultureller Kompetenz ist zu einem unverzichtbaren Element von Erziehung und Bildung geworden" (Filtzinger 2006, S. 218).*

Es rückte nun erstmals der Umgang mit Vielfalt (und zwar für alle Teile der Bevölkerung) in den pädagogischen Fokus. D. h. es wurde erkannt, dass sich auch innerhalb der Aufnahmegesellschaft Veränderungen vollziehen müssten, um Integration zu gewährleisten. Hierzu gehört u. a. die Auseinandersetzung mit dem Phänomen der Vorurteilsbildung, die schon im frühen Kindesalter einsetzt.

Antirassistische Ansätze: *Thematisierung der Strukturen, die zu Ausgrenzung führen*

Im Weiteren sind es vor allem auch antirassistische Ansätze, die gesellschaftlichen Strukturen, die zu Ausgrenzungen und Fremdenfeindlichkeit führen, thematisieren[1].

Ausblick „Transkultureller Ansatz": *Beitrag zur Gestaltung der gemeinsamen Zukunft?*

Nach den Begriffen „multikulturell" und „interkulturell" wird aktuell in der Fachdiskussion immer stärker der Begriff „transkulturell" aufgegriffen. „Trans" steht für „darüber", aber auch „darüber hinaus, überschreitend". Hier wird vor allem gefragt, wie Menschen mit verschiedenen Herkunftshintergründen gemeinsam die heutige Gesellschaft mit ihren Herausforderungen gestalten können und welchen Beitrag pädagogisches Handeln bei dieser Gestaltung leisten kann. Wie können Menschen sich gemeinsam Themen wie Klimawandel und Umwelt, Arbeitslosigkeit oder Teilhabe an gesellschaftlichen Gütern, Themen wie Liebe, Anerkennung, Ernährung, soziale Geborgenheit stellen?

---

1 *Vgl. zum Thema auch: Baustein zur nicht-rassistischen Bildungsarbeit – DGB-Bildungswerk Thüringen e. V. http://www.baustein.dgb-bwt.de.*

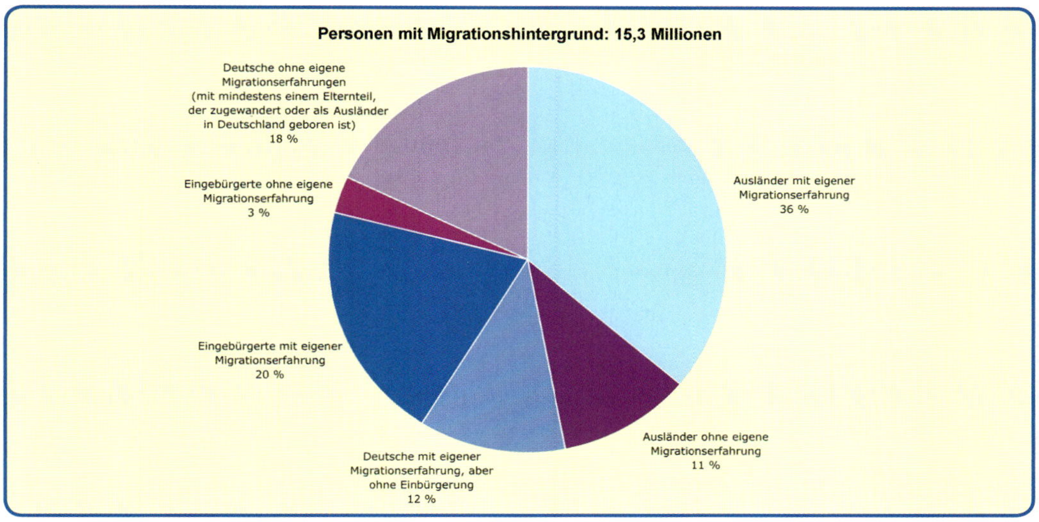

Menschen mit Migrationshintergrund haben sehr unterschiedliche Migrationserfahrungen!

Quelle: Statistisches Bundesamt, Wiesbaden

Die Vielfalt gesellschaftlicher Wandlungsprozesse drückt sich auch in einer Vielfalt pädagogischer Fragestellungen aus.

Überblick zum Diskussionsstand über interkulturelles Lernen[1]

Phasen der Zuwanderung in die Bundesrepublik	Pädagogischer Ansatz, grobe zeitliche Zuordnung	Kernpunkte und Kritik
1. Phase der Zuwanderung von 1952–1973: Anwerbephase, ausgelöst durch den Arbeitskräftemangel in dieser Zeit.	Ausländerpädagogik 60er bis 70er Jahre	Karitativer Aspekt: Migranten soll geholfen werden, mit der Mehrheitskultur umzugehen und sich zurechtzufinden. Kritik: Defizitorientierung
2. Phase der Zuwanderung von 1973–1980: Anwerbestopp und Konsolidierung	Multikultureller Ansatz 70er bis 80er Jahre	Basiert auf der Theorie der Xenophobie (Angst vor Fremdheit): Berührungsängste mit Fremden sollen durch punktuelle Begegnungen abgebaut werden. Kritik: Mehrheitskulturwird als Norm betrachtet, Voyeurismus, Zurschaustellung der anderen Kulturen.
3. Phase von ca. 1982–1990: Wende in der Ausländerpolitik	Interkultureller Ansatz 80er bis 90er Jahre	Orientierung am Gedanken der „Toleranz"; definiert Kultur als Kern der menschlichen Identität, bringt der Mehrheitskultur die (vermeintlichen) kulturellen Eigenarten von MigrantInnen nahe. Kritik: Lässt Machtverhältnisse (Rassismus) außer Acht.
4. Phase von 1991–1998: Asylpolitik im Vordergrund	Antirassistische Ansätze 90er Jahre	Gesellschaftliche Strukturen, die zu Ausgrenzungen und Fremdenfeindlichkeit führen, werden thematisiert.
1998– heute: Bekenntnis zu Deutschland als Einwanderungsland?	Transkultureller Ansatz Ab Ende der 90er Jahre	Noch nicht vollständig ausformuliert. Neues Verständnis von Kulturen als nicht homogen, nicht statisch, sondern beweglich, ineinander überlappend Methoden sind u. a. Identitätsarbeit und biografische Arbeit.

1 *Zeitliche und inhaltliche Einordnung von pädagogischen Ansätzen und Konzepten im Bereich „Interkulturalität" (in Anlehnung an Maureen Maisha Eggers, s. Tagungsreader Jugendmuseum Schöneberg, weitere Materialien und Informationen unter http://www.jugendmuseum.de).*

RESÜMEE

- Menschen mit Migrationshintergrund haben sehr unterschiedliche Migrationserfahrungen.
- Alle diese Menschen bringen sehr unterschiedliche Bedürfnisse oder Anforderungen mit in die pädagogische Fachpraxis.
- Wenn Sie pädagogisch mit Familien mit Migrationshintergrund arbeiten, ist es deshalb wichtig, Hintergrundwissen über die konkreten familiären Bedingungen zu erhalten (Vgl. Kapitel „Zusammenarbeit mit Eltern").
- Hierzu gehören Informationen zur Migrationsgeschichte der Eltern, zu deren aktueller Lebenssituation und Hintergrundinformationen zum Herkunftsland, Region, Religion etc.
- Im Weiteren ist es für Sie auch wichtig zu klären, welche Ziele Sie selbst in der pädagogischen Arbeit verfolgen.
- So ist die Arbeit im interkulturellen Kontext dadurch gekennzeichnet, dass sie spezifische, über das Gewohnte hinausgehend Anforderungen und Herausforderungen stellt. Diese ergeben sich durch Aspekte wie Fremdheit, durch konkrete Lebenssituationen (z.B. Fluchterlebnisse) hervorgerufene Problemlagen, Abstimmungsschw ierigkeiten aufgrund von unterschiedlichen Sprachen.
- Sie ergeben sich aber auch aus der gesamtgesellschaftlichen Anforderung und Erwartungshaltung an pädagogische Bildungsprozesse z.B. im Hinblick auf Integration, Herstellung von Chancengleichheit.

2.4 Beispiel zur Entwicklung eines Leitbildes

Zur Klärung und Beschreibung der pädagogischen Ziele z.B. hinsichtlich der interkulturellen Orientierung können diese in einem Leitbild formuliert werden. So werden in einem Leitbild, in kurzer aber anschaulicher Weise, die allgemeinen Grundsätze einer Einrichtung dargestellt. Zu diesen allgemeinen Grundsätzen gehören die Ziele und Aufgaben sowie die Methoden, mit denen die Ziele erreicht und die Aufgaben umgesetzt werden sollen. Ebenso gehören zu einem Leitbild aber auch die Zielgruppen, die angesprochen werden sollen sowie Werte, die von der Einrichtung vertreten werden. Das Leitbild dient zum einen der Präsentation der Einrichtung nach ‚außen'. So erhalten z.B. Eltern ein Bild von den Besonderheiten einer Einrichtung, vom spezifischen Profil und können so Vergleiche zu anderen Einrichtungen ziehen. Zum anderen dient ein Leitbild auch der Selbstvergewisserung einer Einrichtung nach „innen", also der Identifikation, und schafft so eine spezifische „Einrichtungskultur" bzw. „Einrichtungsidentität". So gibt ein Leitbild auch Orientierung für die tägliche Arbeit. Die Entwicklung eines Leitbildes sollte als Prozess aufgefasst werden. Je stärker alle Mitarbeiterinnen und Mitarbeiter einer Einrichtung in den Leitbildentwicklungsprozesses eingebunden sind, umso höher ist der Identifikationsgrad. Dies ist ein Qualitätsmerkmal.

Im vorliegenden Zusammenhang wäre dabei auch von Bedeutung die interkulturelle Orientierung des Leitbildes herauszustellen. Diese interkulturelle Orientierung entspricht der allseits hervorgehobenen gesamtgesellschaftlichen Bedeutung interkultureller Bildungsprozesse. Wie der Integrationsplan der Bundesregierung zeigt, geht es heute zunehmend darum, gesellschaftliche Realitäten und Entwicklungen gemeinsam zwischen Migranten und Nicht-Migranten zu gestalten. Pädagogik nimmt eine zentrale Rolle bei der Gestaltung dieser Prozesse ein und zwar auf allen Handlungsebenen, also vom Bereich der frühkindlichen Erziehung (Tagespflege, Kindertageseinrichtung) über die Schule und Jugendfreizeit bis zur Berufs- und Sozialpädagogik und weiteren Bereichen der pädagogischen Arbeit mit Erwachsenen. So könnten im Rückgriff auf die im Kapitel „Migration und Pädagogik“ benannten Aspekte neben anderen Werten z. B. folgende Aspekte Berücksichtigung finden:

- Herstellung von Chancengleichheit bzw. gleichberechtigter Teilhabe am gesellschaftlichen Leben für alle Kinder und Abbau von Benachteiligung.
- Herstellung von Respekt, Anerkennung von Vielfalt und individuellen Unterschieden und Solidarität im Miteinander aller Kinder.
- Verhinderung von Ausgrenzungen und Beitrag zur Integration.

Hinweise zur Erstellung eines Leitbildes

Zur inhaltlichen Formulierung des Leitbildes können Sie sich an folgenden Fragen orientieren:

- Wer sind wir?
- Was ist unser Ziel, was wollen wir erreichen?
- Wie wollen wir unsere Ziele erreichen?
- Welche Zielgruppe sprechen wir an?
- Was ist uns in der Zusammenarbeit wichtig?
- Welches sind die spezifischen Rahmenbedingungen, welche rechtlichen Grundlagen gibt es?
- Auf welcher fachlichen Grundlage findet die Arbeit statt, nach welchen Konzepten gehen wir vor?
- Welche Werte sind uns dabei wichtig?
- Was macht unsere Identität aus?
- Welche Vision haben wir?

Zwar kann die Entwicklung eines Leitbildes auf Leitungsebene durchgeführt werden. Günstig im Sinne der Qualitätssteigerung durch gemeinsame Identifikation ist es aber, diese Fragen gemeinsam im Team zu erörtern und die Entwicklung eines solchen Leitbildes als Teamprozess zu begreifen. Bei der anschließenden Ausformulierung des Leitbildes sollten sich Aussagen zu folgenden Punkten finden:

- Darstellung des eigenen Bildes auf das Kind
- Darstellung der pädagogischen Grundhaltung und der eigenen Werte auch in Bezug auf gesellschaftliche Anforderungen (z. B. Förderung von Vielfalt, Chancengleichheit)

- Aussagen zur Konzeption (z. B. Prinzip „Vorurteilsbewusster Erziehung“)
  - Hier können einzelne Punkte konkretisiert werden: Z. B. wie werden vielfältige Familienkulturen, Feiertage, unterschiedliche Ernährungsgewohnheiten berücksichtigt?
- Hieraus folgt die Darstellung konkreter Abläufe z. B. der Betreuungssituation:
  - Hierunter fallen z. B. Aussagen zur Eingewöhnung, zum Beziehungsaufbau, zur Essens- und Schlafsituation, zu Öffnungs- und Betreuungszeiten, Raumkonzept.
  - Auch ist es wichtig darzustellen, wie spezifische Bedürfnisse einzelner Kinder berücksichtigt werden.
- Darstellung der Elternbeteiligung (Partizipation)
  - Wie werden Eltern eingebunden, wie findet Beteiligung (von Eltern und Kindern) ganz praktisch statt?
- Aussagen zur Zusammenarbeit, Kooperation mit anderen Einrichtungen im Stadtteil, Gemeinwesenorientierung
  - Wie findet die Öffnung zum sozialen Umfeld der Kinder statt?
  - Welche Kontakte gibt es zu anderen Fachdienste oder Institutionen im Stadtteil
- Informationen zur Leitung
- Informationen zum pädagogischen Team
  - Z. B. gibt es Mitarbeiter aus unterschiedlichen Herkunftsländern, mit unterschiedlichen sprachlichen, künstlerischen, musischen Kompetenzen?
- Informationen zum Qualitätsmanagement
  - Z. B. Aussagen zur Fachberatung, Fortbildungen, Supervision aber auch zur Dokumentation als Grundlagen der Qualitätssicherung.
  - Qualitätssicherung und Entwicklung durch ständige Reflexion und Weiterentwicklung.

Am Ende (oder am Anfang) sollte eine Kurzzusammenfassung des Leitbildes stehen.

ÜBUNG

1. Formulieren Sie einige Leitziele für ihre pädagogische Arbeit im interkulturellen Kontext.
2. Berücksichtigen Sie dabei mögliche Problemlagen, Anforderungen und Bedürfnisse von Migranten und Mehrheitsgesellschaft.
3. Achten Sie dabei auf die Heterogenität, also die Unterschiedlichkeiten innerhalb der Migrantenbevölkerung.

Informationen im www

Weitere Informationen zum Thema Migration finden Sie unter http://www.exil.de und http://www.bpb.de.

Weitere Informationen zur Thematik Zuwanderungs- und Staatsangehörigkeitrecht finden Sie unter http://www.bmi.bund.de.

Weitere Informationen zur Ausländer- und Asylpolitik unter http://www.library.fes.de.

Weitere Informationen zur Situation türkischer Migranten finden Sie unter http://www.zft-online.de und unter http://www. integrationsportal.nrw sowie zur Situation von Migranten unter http://www.bundesregierung.de.

Weitere Informationen zur Entwicklung eines Leitbildes finden Sie z.B. unter http://www.schule-management.de/schulentwicklung/oeffentlichkeitsarbeit/ein-leitbild-entwickeln-und-lebendig-werden-lassen-so-geht-s/.

3 Soziale Wahrnehmung und Vorurteile

Bei der Vorstellung von Yildiz fällt Ihnen zunächst auf, dass ihre Mutter ein Kopftuch trägt. Sofort kommen Ihnen einige Fragen ins Gedächtnis: War es jetzt eigentlich unüblich, islamische Frauen mit Kopftuch per Handschlag zu begrüßen oder gilt dies nur für Männer? Wie streng gläubig wird sie wohl sein? Yildiz erscheint zunächst recht ruhig. Wie wird sie wohl zu Hause erzogen? Die anderen Kinder spielen im Sommer nackt im Garten. Ist dies mit Yildiz wohl auch möglich? Und hoffentlich ist in der Erbsensuppe heute kein Speck!

3 Soziale Wahrnehmung und Vorurteile

In der Begegnung mit fremden Menschen, z. B. Migranten, greifen wir (zumeist unbewusst) immer auch auf Vorinformationen zurück. Daher machen wir uns in der ersten Begegnung mit fremden Menschen immer ein Bild, das sich zusammensetzt aus den vielfältigen Annahmen, die wir von diesem Fremden haben. Diese setzen sich aus den unterschiedlichen Quellen (z. B. Medien) aber auch aus unseren eigenen sozio-kulturellen Wahrnehmungs- und Bewertungsschemata zusammen. Im Sinne des hier vorgeschlagenen selbstreflexiven Zugangs ist es deshalb für die Auseinandersetzung mit kultureller Vielfalt und den hierdurch erforderlichen interkulturellen Lernprozessen zunächst wichtig zu klären, wie verlässlich diese „Soziale Wahrnehmung", der so genannte „erste Eindruck" ist. Wie lassen sich, wenn man über die Mechanismen und Wirkungsweisen des Erkennens weiß, pädagogische Situationen konstruktiv gestalten? Wie geht man pädagogisch konstruktiv mit Menschen um, die einen anderen kulturellen Hintergrund und somit möglicherweise andere Normen und Wertvorstellungen haben?

Bei der Begegnung mit fremden Normen und Wertevorstellungen greifen wir, um uns zu orientieren, zunächst unbewusst immer auf Vorinformationen zurück.

Darum geht es

Kennenlernen der Mechanismen „Sozialer Wahrnehmung" und Vorurteilsbildung

In diesem Schritt geht es darum, die Mechanismen von „Sozialer Wahrnehmung" und Vorurteilsbildung deutlich zu machen. So orientieren wir uns immer, wenn wir fremden Menschen (dies müssen keine Migranten sein) begegnen, an bestimmten Merkmalen, von denen aus wir zunächst unbewusst auf die Gesamtperson schließen. Z. B. kann Sie eine Person an jemanden erinnern, den oder die Sie sympathisch oder unsympathisch finden, dies hat Auswirkungen auf Ihr Gefühl zu dieser fremden Person. Das Bild auf Migranten ist oftmals geprägt durch Medienberichte, Erlebnisse mit Migranten, Erzählungen etc. Von diesen Vorinformationen über eine Gruppe schließen wir oft auf die Einzelperson, ohne dass wir sie kennen. Daher hängt die erste konstruktive Gestaltung pädagogischer Alltagssituationen eng damit zusammen, wie wir bewusst und reflektiert mit unseren eigenen Orientierungsmustern, unseren Klischees und Vorurteilen umgehen.

3.1 Soziale Wahrnehmung

Wenn Sie mit Kindern und Eltern mit Migrationshintergrund arbeiten, haben Sie in dieser Situation persönlichen Kontakt zu konkreten Menschen. Sie kennen die Kinder und deren Eltern „aus erster Hand". Parallel dazu unterliegt der Mensch in der heutigen Gesellschaft dauerhaften Einflüssen durch Medien, z. B. in politischen Diskussionen zum Thema Ausländer oder Zuwanderung. So haben in den Medien Begriffe wie Integration, Migration und Migrationshintergrund, kulturelle Unterschiede Hochkonjunktur. Ein Beispiel hierfür sind die Titelbilder der Nachrichtenmagazine. Ein anderes Beispiel sind die Berichterstattungen zum Thema Islam oder auch die Verknüpfung der Themen Jugendgewalt und Migration.

An dieser Stelle kann von zwei Wahrnehmungsebenen gesprochen werden. Die erste ist gekennzeichnet von eigenen Erfahrungen mit jeweils konkreten Menschen. Diese können durchaus positiv sein. Es gibt aber noch eine zweite Wahrnehmungsebene, die sich zusammensetzt aus Bildern und Vorstellungen über eine Gruppe, zu der die jeweiligen Personen gehören. So machen wir uns, bevor wir eine Person überhaupt kennenlernen, im Kopf bereits Bilder und Vorstellungen über diese Person. Die Pädagogin Helga Losche (1995) beschreibt die Situation:

Tipp

Achten Sie einmal bewusst auf die Berichterstattung zum Thema Migration. Wie ist das Verhältnis von positiven und negativen Berichten?

> *„Begegnen wir einem Fremden, greifen wir, um eine erste Einschätzung dessen, was uns erwartet, zu ermöglichen, auf unser ‚Wissensrepertoire' über die Organisation von Persönlichkeitsmerkmalen zurück. Dabei fließen die eigenen soziokulturellen Normen ebenso ein, wie Bewertungskriterien bezüglich Äußerlichkeiten und Wissen im Sinne von Stereotypen. Die Wahrnehmung einer Person ist das erste, oftmals entscheidende Stadium einer Interaktion. Sofort ziehen wir Schlüsse auf nicht direkt zugängliche Charakteristika des Gegenübers, ohne uns darüber Rechenschaft abzulegen" (Losche 1995, S. 66).*

Wenn wir mit Kindern ausländischer Herkunft arbeiten, ist unser Bild von „den ausländischen Kindern" neben den eigenen Erfahrungen immer auch geprägt von öffentlichen Meinungen oder medialen Einflüssen. Wir nehmen von dem uns fremden Gegenüber also immer auch ein Bild wahr. Dieses Bild als erster Eindruck setzt sich nicht nur aus bestehenden Informationen zusammen, sondern auch aus den Phantasien, Vorannahmen und Eindrücken z. B. von dieser uns fremdkulturell erscheinenden Person. Jede Auseinandersetzung mit Fremden beginnt deshalb bei uns selbst. Wir müssen uns bewusst und reflexiv mit unseren Bildern und Vorstellungen, mit unseren Stereotypen auseinandersetzen. Dies gilt nicht nur für den Umgang mit Migranten. So schreibt der Kommunikationstheoretiker Schulz v. Thun (1998):

> *„Erst mit der Zeit bin ich dahinter gekommen, dass ich oft gar nicht auf andere Menschen reagiere, wie sie sind, sondern auf die Phantasien, die ich mir von ihnen mache" (Schulz v. Thun 1998, S. 75).*

ÜBUNG

Beantworten Sie kurz folgende Fragen zu einer Ihnen privat nicht sonderlich bekannten Person (z. B. Kollegin im Team):

1. Was vermuten Sie: Wie steht die Person zum Rauchverbot in Gaststätten?
2. Wie steht die Person zum Dosenpfand/zur Ökosteuer?
3. Welche Musik hört die Person am liebsten?
4. Welches ist ihr Lieblingsgetränk/ihre Lieblingsspeise?
5. Welche Fortbewegungsart bevorzugt die Person (Auto/Fahrrad/Bus, Bahn)?
6. Wie sieht ihr Lieblingsurlaub aus?

Sie können sich auch weitere Fragen überlegen. Wenn möglich, sollte die andere Person diese Fragen auch über Sie beantworten. Vergleichen Sie im Anschluss gemeinsam mit Ihrer Übungspartnerin die Einschätzungen. Finden Sie sich jeweilig wieder? Wie sind Sie zu den Einschätzungen gekommen? Auf welche „Vorinformationen" haben Sie bei den Einschätzungen zurückgegriffen? Haben sie an andere Personen, Gruppen oder bestimmte Klischees (z. B. „der typische Student") gedacht?

Rückschlüsse zur Übung

Ziel der Übung ist es, zu erkennen, dass wir uns immer schon ein Bild von unserem Gegenüber machen. Hierdurch machen wir uns im täglichen Leben Zusammenhänge begreiflich und orientieren uns. So haben wir in bestimmten Situationen, z. B. beim Einkauf, feste Erwartungen, was uns begegnen wird. Wir können im Alltag auf feste Schemata zurückgreifen. Diesen Vorgang nennt man „Soziale Wahrnehmung". Bei der „Sozialen Wahrnehmung" gehen wir also von äußerlichen Merkmalen aus und schließen von diesen Merkmalen auf andere Eigenschaften, die mit diesen Merkmalen zunächst nichts zu tun haben. Wir orientieren uns an Dingen, die uns aus anderen Zusammenhängen geläufig sind (z. B. jemand sieht nett, vertrauenswürdig oder eben auch umgekehrt unnett aus oder wir misstrauen der Person). Die Chance, dass unsere Einschätzung „richtig" ist, wächst, je näher die Merkmale unserer eigenen Lebenswelt sind. Oftmals liegen wir aber auch falsch. Die Wahrscheinlichkeit falsch zu liegen wächst, wenn die Person einem fremdkulturellen Kontext entstammt. Deshalb ist es wichtig, sich nicht zu früh bei der Beurteilung einer Person festzulegen[1].

RESÜMEE

Zusammenfassend kann zum Prozess und zur Funktion „Sozialer Wahrnehmung" festgehalten werden

- Aufgrund einzelner Merkmale der Person (Mann/Frau, jung/alt, eigenes oder Herkunftsland der Eltern etc.) werden weit darüber hinausgehende Vermutungen über die Person angestellt (z. B. Einstellung, Vorlieben, Geschmack).
- Aus bestimmten Merkmalen wird auf die gesamte Person rückgeschlossen („Mann mit langen Haaren" = „locker drauf" oder „ungepflegt").
- Hier fließen neben den Beobachtungen eigene Klischees und Rollenvorstellungen ein.
- Die Person wird einer Gruppe und den für sie „typischen" Klischees zugeordnet („Frau am Steuer").
- Dieser Vorgang erfolgt meist unbewusst, nicht reflektiert und im Alltag automatisch.
- Die soziale Wahrnehmung dient zur Orientierung in unbekannten Situationen.
- Soziale Wahrnehmung nutzt dem Individuum, ohne einem anderen zu schaden.

3.2 Vorurteile

Der Übergang von der „Sozialen Wahrnehmung" zum Vorurteil ist fließend. Soziale Wahrnehmung kann dort zum Vorurteil werden, wo wir negative Zuschreibungen vornehmen und auch bei gegenteiligen Erfahrungen nicht mehr bereit sind, diese wieder zurückzunehmen („ja dieser Ausländer ist zwar nett, aber die anderen ..."). Der Philosoph Max Horkheimer (1962) hatte dies wie folgt beschrieben:

1 *Zahlreiche Übungen finden Sie auch unter http://www.emil.ikk.lmu.de/deutch/Handbuch-EMIL-Volltext.pdf.*

„Ohne die Maschinerie der Vorurteile könnte einer nicht über die Straße gehen, geschweige denn einen Kunden bedienen. Nur muss er imstande sein, die Generalisierung einzuschränken, wenn er nicht unter die Räder kommen will" (Horkheimer 1962, S. 113).

Dabei sind Vorurteile in der Regel von negativen und aggressiv-feindlichen Gefühlen begleitet. Im Gegensatz zur „Sozialen Wahrnehmung" dienen Vorurteile nicht der Orientierung, sondern stellen ein Zerrbild der Realität dar.

Vorurteile gehen einher mit negativen feindseligen Gefühlen.

Mit Vorurteile sind in diesem Sinne negative Einstellungen gegenüber einer spezifischen Gruppe von Menschen gemeint. Dabei werden dieser Gruppe bestimmte Eigenschaften zugeschrieben. Diese Zuschreibungen werden, auch bei widersprechenden Erfahrungen, in der Regel nicht zurückgenommen[1]. Georg Auernheimer (2007) beschreibt Vorurteile als Urteile „die man fällt, ohne sie anhand von Tatsachen auf ihre Gültigkeit zu überprüfen. Sie sind darüber hinaus in der Regel verknüpft mit abwertenden, diskriminierenden Tendenzen und emotionaler Ladung." (Auernheimer 2007, S. 84).

Beispiele für Vorurteile

Folgender Text soll gängige Vorurteile verdeutlichen:

Die Europlaner haben eine neue Vision:

Im Euro-Himmel sind:	*In der Euro-Hölle sind:*
Engländer die Polizisten,	*Deutsche die Polizisten,*
Franzosen die Köche,	*Engländer die Köche,*
Deutsche die Ingenieure,	*Italiener die Ingenieure,*
Schweizer die Beamten,	*Franzosen die Beamten,*
Italiener die Liebhaber.	*Schweizer die Liebhaber.*[1]

Rückschlüsse zum Text

Hier werden gängige Klischees zu bestimmten Nationalitäten bedient (z. B. die „französische Küche" = jeder Franzose kann kochen). Oft sind wir uns nicht bewusst, woher diese Zuschreibungen kommen (z. B. „der romantische Italiener"). Dennoch sind sie uns geläufig und können bei der Begegnung mit Menschen dieser Nationalität in unsere „erste Einschätzung" mit einfließen. Hierbei kann es sich auch um negative Zuschreibungen handeln („der jähzornige Südländer"). Deshalb ist es wichtig, sich die eigenen Vorurteilen und Klischees bewusst zu machen.

1 Vgl. zum Thema auch Informationen zur politischen Bildung: ‚Vorurteile', Bundeszentrale politische Bildung 2005.

2 Entnommen dem Kursbuch Kultur unter http://www.tu-dresden.de/sulifg/daf/mailproj/kursbu11.htm. Hier finden Sie auch weitere Informationen zum Kulturbegriff.

ÜBUNG ZU VORURTEILEN

Überprüfen Sie mit folgenden Fragen Ihre eigenen Vorurteile:

1. Sammeln Sie einige Vorurteile zu einer bestimmten Volksgruppe, z. B. Türken. Woher könnten diese stammen?
2. Sammeln Sie Vorurteile gegenüber Deutschen. Entsprechen Sie diesen Vorurteilen?
3. Versetzen Sie sich in folgende Lage: Sie/Ihre Eltern sind vor 40 Jahren als Gastarbeiter in die Türkei gegangen. Sie ärgern sich über das durch türkische Medien vermittelte einseitige Bild der deutschen Zuwanderer. Wie könnte so ein Bild aussehen?
4. Wann sind Sie selber konkret Opfer von Vorurteilen geworden?
5. Wo haben Sie selbst Vorurteile gegenüber einer anderen Kultur, Subkultur, Gruppe.
6. Was könnten Ursachen sein und wie könnten Sie dagegen angehen?

Rückschlüsse zur Übung

Diese Übung dient als Einstieg in den Reflexionsprozess über eigene Stereotype und Vorurteile. Sie kann alleine oder mit Kolleginnen durchgeführt werde. Dabei sollen die Vorurteile in ihrer Unterschiedlichkeit wahrgenommen werden. Über die Reflexion von eigenen erlebten Vorurteilen soll Empathie für die von Vorurteilen oder Zuschreibungen Betroffenen erzeugt werden. Es soll über Entstehungsbedingungen von Vorurteilen reflektiert werden und erfahren werden, dass es Anstrengung und „geistiger Arbeit“ bedarf, gegen eigene Vorurteile anzugehen.

Funktionen und Mechanismen von Vorurteilen

Um gegen eigene und fremde Vorurteile anzugehen, muss man sich über die Funktionen und damit zusammenhängend, über die psychologischen Mechanismen der Vorurteilsbildung im Klaren sein. Man kann vor allem folgende Funktionen unterscheiden:

- Gruppenbildungsfunktion durch Projektion und Zuschreibung:

Gruppenbildung und Projektion

Zunächst können Vorurteile durch Ein- und Ausgrenzung von bestimmten Personen zur Gruppenbildung beitragen. Dabei werden der eigenen Gruppe in der Regel positive Eigenschaften zugeschrieben, der Fremdgruppe fallen negative Attribute zu. So bezeichnen sich Frauen selbst vielleicht als kommunikativ und Männer halten sie für „maulfaul“. Männer dagegen sind der Meinung, sie selbst würden „eine Sache präzise auf den Punkt bringen“, während Frauen für sie „Plaudertaschen“ sind. Man kann in diesem Fall aus psychologischer Sicht von Projektionen sprechen. Dabei werden auch eigene verdrängte Schwächen, Unzulänglichkeiten oder Impulse (z. B. Jähzorn) auf Angehörige einer anderen Gruppe projiziert, das eigene Selbstwertgefühl wird gestärkt. Oftmals wird das Zusammengehörigkeitsgefühl innerhalb der Gruppe auch dadurch gestärkt, dass ein Bedrohungsgefühl erzeugt wird („das Boot ist voll“).

- Stabilisierungs- und Legitimationsfunktion von Macht- und Ungleichheitsverhältnissen

Legitimation von Macht und Ungleichheit

Durch Ausgrenzung und Unterscheidung können Ungleichheiten und Macht- bzw. Herrschaftsverhältnisse gerechtfertigt und legitimiert werden. Geschieht dies im Rahmen einer „Ideologischen Bemäntelung" kann man auch von einer Form der Rationalisierung sprechen. Ein Beispiel hierfür waren die Rassentheorien die bis in die 70er Jahre des 20sten Jh. zur Legitimation der gesellschaftlichen Diskriminierung von Afroamerikanern in der USA herbeigezogen wurden. Ein anderes Beispiel wäre die „wissenschaftliche" Festschreibung von Kulturunterschieden (Kulturalismus) zur Legitimation struktureller Ungleichheit („Türken sind aufgrund kultureller Rückständigkeit an ihrer Benachteiligung selber schuld").

- Vorurteile können der Frustbewältigung dienen

Übertragung von Frustrationen auf andere: Sündenbocktheorie

Frustrationen, z. B. über Arbeitslosigkeit, können auf andere Gruppen übertragen werden. Hier kommt es zur Erzeugung von „Sündenböcken". Dies zeigt sich in besonders drastischer Weise, wenn als schwächer angesehene Gruppen zum Ziel von Frustentladung durch gewaltsame Angriffe werden (z. B. Angriffe auf obdachlose Menschen).

- Soziale Benachteiligung fördert Vorurteilsbildung

Der Soziologe Wilhelm Heitmeyer (2002) hat diesbezüglich in umfangreichen Studien Faktoren ermittelt, die zu „Phänomenen von gruppenbezogener Menschenfeindlichkeit" führen (vgl. Heitmeyer & Endrikat 2002)[1]. So fühlen sich Menschen in eine Gesellschaft integriert, wenn sie Anerkennung auf bestimmten Ebenen erfahren:

  - Positionale Anerkennung: Hiermit ist die Teilhaben an materiellen Gütern gemeint: „Habe ich Zugang zu Job, Wohnung etc.?"
  - Moralische Anerkennung: Hiermit ist z. B. die Frage gemeint, ob ich mit meinen Meinungen, Ansichten usw. wahrgenommen werde: „Habe ich eine Stimme, werde ich gehört?"
  - Emotionale Anerkennung: Hiermit ist die Anerkennung der personalen Identität durch die soziale Umwelt gemeint: „Werde ich so wie ich bin gesellschaftlich akzeptiert?"

Den Studien Heitmeyers zufolge entscheidet Anerkennung oder fehlende Anerkennung über das Gefühl gesellschaftlicher Integration oder Desintegration. Erfahren Menschen in ihrem täglichen Leben keine Anerkennung auf diesen benannten Ebenen (z. B. kein Job, keine gesellschaftliche Partizipation: „die da oben machen doch was sie wollen" usw.) kommt es zu einem Gefühl negativer Anerkennung bzw. Desintegration. Diese negative Anerkennungsbilanz wird ausgeglichen durch die negative Anerkennung (Abwertung) vermeidlich schwächerer Gruppen. Dies führt zu Phänomenen „gruppenbezogener Menschenfeindlichkeit" wie: Fremdenfeindlichkeit, Rassismus, Sexismus, Antisemitismus, Islamphobie (Angst vor dem Islam), Heterophobie (Angst vor Anderem). So sind es konkrete strukturelle Bedingungen, die ein Anwachsen von vorurteilsbehafteten gesellschaftlichen

---

1 *Weitere Informationen zu den Studien finden Sie unter http://www.uni-bielefeld.de/Universitaet/Aktuelles/pdf/Heitmeyer.pdf.*

Grundstimmungen fördern. Vor diesem Hintergrund ist es gerade auch im pädagogischen Zusammenhang wichtig, aktiv gegen Vorurteile und Diskriminierung vorzugehen. Ein pädagogischer Zugang, der sich aus den Studien ableitet, ist Anerkennungserfahrungen herbeizuführen. Auf moralischer aber auch auf emotionaler Ebene ist dies ein wichtiger Bestandteil interkulturellen Arbeitens. Hierauf wird im folgenden Kapitel näher eingegangen.

RESÜMEE

Zusammenfassend kann zum Prozess der Vorurteilsbildung festgehalten werden:

- Vorurteile sind stets begleitet von negativen, aggressiven, feindlichen Gefühlen und Einstellungen.
- Sie helfen nicht, die Realität zu begreifen, sondern sie schaffen sich vielmehr ihre eigene Feindwelt, um eine als bedrohlich empfundene Wirklichkeit zu ertragen.
- Vorurteile tragen zur Desorientierung bei und lassen sich nur schwer korrigieren.
- Vorurteile dienen der Gruppenbildung durch Ein- und Ausgrenzung.
- Vorurteile sind gekennzeichnet von Intoleranz und fehlender Empathie.

Rückschlüsse

Tipp

Weitere gute Hinweise zum Thema Vorurteile/Soziale Wahrnehmung finden sie in der CD Konflikte XXL der Bundeszentrale politische Bildung.

Wie deutlich wurde, sind die Übergänge von Vorurteilsbildung und „Sozialer Wahrnehmung“ fließend. Wie das Vorurteil schließt auch die soziale Wahrnehmung unbewusst und unreflektiert aus wenigen ausgewählten Merkmalen und Details auf die gesamte Person. Auch wenn „Soziale Wahrnehmung“ der Orientierung dient und Vorurteile desorientieren, durch beide Wahrnehmungsformen erzeugen wir für uns ein Bild von der Person, das dieser nicht entsprechen muss. Dies gilt erst recht bei der Begegnung mit uns fremden Menschen aus anderen Kulturen. Hier nehmen wir „zunächst nur ein Bild wahr, das sich zusammensetzt aus vielfältigen Vorannahmen und Eindrücken, aus den Phantasien über die fremde Kultur. Deshalb verweist jede Auseinandersetzung mit Fremden unausweichlich zurück auf die eigene Kultur“ (Losche, 1995, S. 15).

4 Was heißt eigentlich Kultur und wie erwirbt man interkulturelle Kompetenz?

Im Vorgespräch erläutert Ihnen Yildiz' Mutter einige ihrer Erziehungs- und Wertevorstellungen. Dabei fällt oft der Begriff Kultur: „In unserer Kultur ist es wichtig, dass die Jüngeren von Anfang an Respekt vor den Älteren haben". „Unser Kind soll seine Kultur nicht verlieren". Schließlich fragt Yildiz' Mutter: „Wie ist das eigentlich in Ihrer Kultur?" Sie sind etwas ratlos. Was heißt Kultur, was hat es mit diesem Begriff auf sich, der offenbar so vieles enthält und hinter dem sich so vieles verbirgt?

4 Was heißt eigentlich Kultur und wie erwirbt man interkulturelle Kompetenz?

Darum geht es

Kenntnisse zum Kulturbegriff und Reflexionen zur eigenen Kultur

Im vorangegangenen Kapitel wurde deutlich gemacht, dass die Auseinandersetzung mit „Fremdem" beim „Eigenen", also bei sich selbst ansetzt. Für den interkulturellen Zusammenhang heißt dies, dass es notwendig ist, sich mit der eigenen Kultur auseinanderzusetzen. Was aber heißt Kultur und wie erwirbt man interkulturelle Kompetenz? Dies soll im folgenden Abschnitt geklärt werden.

Übung zum Einstieg

Tipp

Versuchen Sie sich in den Kleingruppen am Ende der Übung auf eine kurze Definition (Kultur ist ...) zu einigen.

Als Einstieg in die Thematik eignet sich ein Brainstorming zum Kulturbegriff. Kennzeichen dieser Methode ist es, dass jeder Gedanke (egal wie eng am Thema er zu sein scheint) „ungefiltert" geäußert werden kann: Alle Ideen sind erlaubt und zugelassen. Wird das Brainstorming im Team durchgeführt, bietet es sich an, mehrere Kleingruppen zu bilden, um auf Flipchartbögen zunächst einmal alle Begriffe zum Thema Kultur zu sammeln. Stellen Sie sich im Anschluss die Ergebnisse vor.

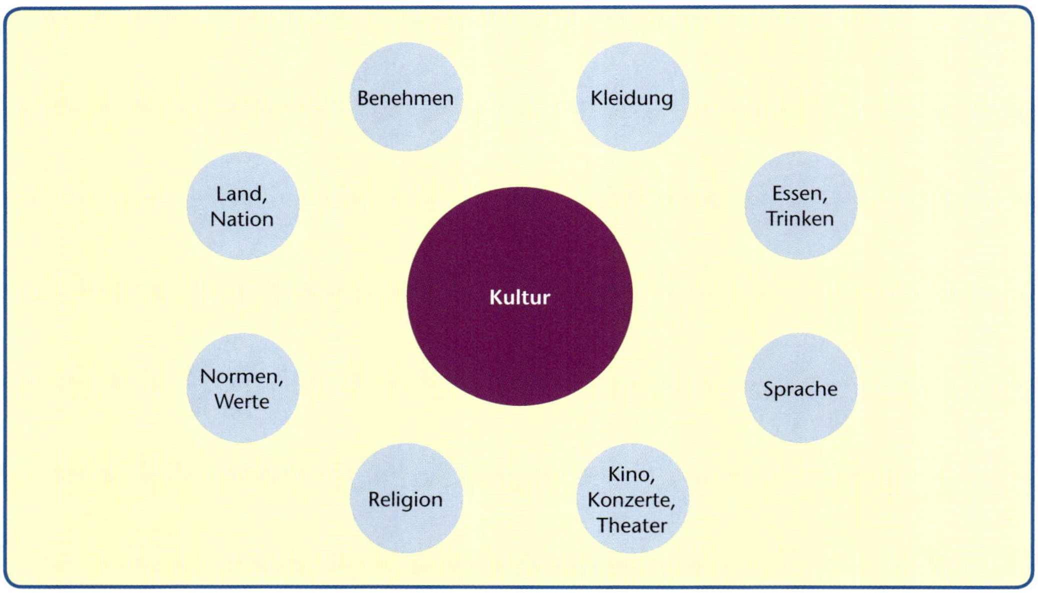

Brainstorming zum Kulturbegriff

Für den Begriff Kultur gibt es eine Vielzahl von Definitionsmöglichkeiten. Dies macht eine Verständigung darüber notwendig, was überhaupt unter Kultur verstanden wird.

Rückschlüsse zur Übung

Es werden wahrscheinlich sehr unterschiedliche Dinge sein, die Ihnen zum Thema Kultur einfallen. So könnten Sie zunächst an Kultur im Sinne von Leitkultur, Kulturkreis und an deutsche oder türkische Kultur denken. Auch könnte es sein, dass Sie gestern im Konzert oder Theater waren und somit Kunst und Kultur erlebt haben, also „in Kultur gemacht haben". Denkbar wäre auch, dass Sie Ihren Kulturbeutel suchen oder im Kühlschrank einige Yoghurtkulturen entdecken. Wundern Sie sich nicht! Auch in der wissenschaftlichen Fachdiskussion gibt es kein einheitliches Verständnis des Begriffes Kultur. Vielmehr gibt es in der Wissenschaft, je nach Ausrichtung, zwischen 150–250 Definitionen des Begriffes Kultur. Deshalb ist es notwendig, sich im pädagogischen Kontext zunächst darüber zu verständigen, was unter Kultur überhaupt verstanden wird und welcher Kulturbegriff für die pädagogische Arbeit angemessen ist.

4.1 Was heißt eigentlich Kultur?

Der Begriff Kultur kommt ursprünglich aus dem Lateinischen und bedeutet soviel wie pflegen, veredeln, bebauen im Sinne von die Natur kultivieren (= Ackerbau treiben). In diesem allgemeinen Sinn versteht man Kultur als Komplementärbegriff, also als ergänzend zum Begriff der Natur. Während Natur bzw. natürlich alles das ist, was ohne unser Zutun zustande kommt, sind kulturelle Erzeugnisse alle Dinge, die vom Menschen erschaffen wurden und werden. Hierzu gehören „hochkulturelle Erzeugnisse“ in Kunst, Literatur, Architektur ebenso wie Kleidung, Essgewohnheiten, Arbeitsverhalten, aber auch religiöse oder politische Systeme. All diese unterschiedlichen Dinge werden als Kulturstandards bezeichnet. Bei den Kulturstandards unterscheidet man wiederum sichtbare und nichtsichtbare Standards. Sichtbare wären z. B. die Kleidung (Jeans, Kopftuch usw.). Nicht-Sichtbare wären Normen, Werte, Einstellungen (z. B. Einstellung zum Geschlechterrollenverhältnis, aber auch der Musikgeschmack). Um die Vielzahl von Kulturstandards in einen Zusammenhang zu bringen, eignet sich das Modell des Eisbergs.

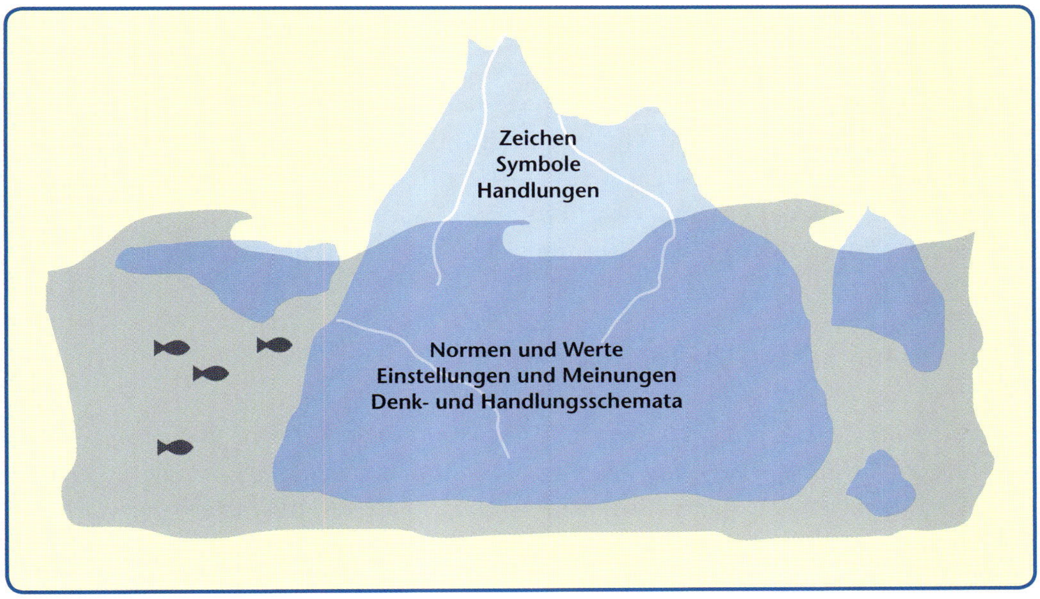

Eisbergmodell

Wie in der Geschichte der Seefahrt schmerzlich deutlich geworden ist, ragt nur ein kleiner Teil des Eisbergs aus dem Wasser, ist also an der Oberfläche sichtbar. Der größte Teil des Eisbergs ist hingegen unter Wasser und somit in der Tiefe des Meeres nicht sichtbar. Ebenso verhält es sich mit kulturellen Erzeugnissen. So können wir

Bekleidungsstücke, bestimmte Essgewohnheiten oder zum Beispiel Rituale sehen. Was wir nicht sehen können, sind die darunter liegenden Hintergründe, Ursachen und Bedeutungen. Dies nicht zu beachten hieße in Gefahr zu geraten, in der interkulturellen Situation „Schiffbruch zu erleiden".

ÜBUNG ZUM „EISBERGMODELL KULTUR"

1. Überlegen und notieren Sie sich in einem Eisbergmodell einige für Sie persönlich typische sichtbare Kulturstandards, wie Bekleidungsstücke (z. B. Jeanshose), bestimmte Feste, die Sie feiern, unterschiedliches Essverhalten (im Restaurant, in der Kantine) etc.
2. Überlegen und notieren Sie sich nun Werte, Normen und Einstellungen, die den sichtbaren Handlungen zugrunde liegen könnten.
3. Wenn Sie diese Übung im Team durchführen, versuchen Sie gemeinsame Standards (sichtbare und nicht sichtbare) zu ermitteln.
   - Lassen sich eindeutige Zuordnungen treffen?
   - Könnte es auch andere Möglichkeiten geben?
   - Sind die Denk- und Handlungskonzepte in Ihrem Alltag immer gleich?
   - Woher stammen die Denk- und Handlungskonzepte?

Rückschlüsse zur Übung

Ziel der Übung ist es, zunächst die Vielfalt von Einflussmöglichkeiten zu erkennen, die unseren unterschiedlichen Denk- und Handlungskonzepten zugrunde liegen. So haben wir beispielsweise bei einem Familienessen andere „Tischsitten" als in einer Betriebskantine. Dennoch werden wir die Regeln der Betriebskantine ebenso als normal ansehen und z. B. nicht als unhöflich bewerten, wenn sich ein Betriebsangehöriger nach Beendigung des Essens vom Tisch erhebt und nicht wartet, bis alle zu Ende gegessen haben (was möglicherweise am Familientisch erwartet werden würde). Eine Jeans kann in der einen Situation angemessen erscheinen, in einer anderen (z. B. Hochzeit) nicht. Wir sind also in der Lage, uns in unterschiedlichen Situationen zu verhalten und zu orientieren. Deshalb spricht man in der Interkulturellen Pädagogik auch von Kultur als einem Orientierungssystem.

4.1.1 Kultur als Orientierungssystem

„Kind, so kannst du doch nicht ausgehen!" Für Oma Charlotte ist es nicht nachvollziehbar, dass Enkelin Jasmin in T-Shirt und Jeans zu einer Tanzveranstaltung gehen will. So ändert sich der Bekleidungsstil, ein sichtbarer Standard, von einer Generation zur nächsten. Gleiches gilt für viele andere Standards. Wenn vielerorts der Werteverfall beklagt wird, so kann man wohl eher von einer Werteveränderung sprechen. Andere Standards bleiben erhalten, z. B. Feste und Rituale wie Weihnachten. Betrachtet man die Kommerzialisierung, hat sich aber auch hier einiges geändert.

„Kultur ist das Orientierungssystem, das unser Wahrnehmen, Bewerten und Handeln steuert, das Repertoire an Kommunikations- und Repräsentationsmitteln, mit denen wir uns verständigen, uns darstellen, Vorstellungen bilden“ (Auernheimer 1999, S. 28).

Kultur ist ein Orientierungssystem

Dieses Orientierungssystem wird aus spezifischen Symbolen, den Kulturstandards, gebildet und beeinflusst unser Wahrnehmen, Denken, Werten und Handeln. Die Kulturstandards, also alle Arten von Wahrnehmen, Denken, Werten und Handeln innerhalb eines kulturspezifischen Orientierungssystems, werden von den Mitgliedern der jeweiligen Kultur als normal, selbstverständlich, typisch und verbindlich angesehen (Vgl. Losche, 1995 und Thomas 1993). Wenn wir uns in einem spezifischen kulturellen Bedeutungssystem zurechtfinden, vermittelt uns dies das Gefühl, Angehöriger dieser Kultur zu sein. Es kann sich dabei um Gruppen (z. B. Jugendgruppe mit spezifischen Kleidungs- und Begrüßungssymbolen), Organisationen (Betriebskultur), Gemeinschaften (spezifische Familienkultur) oder Gesellschaften handeln. Der Aspekt deutsche oder türkische Kultur ist also nur ein möglicher Teil unseres Orientierungssystems, wir gehören immer auch anderen Orientierungssystemen an.

- Alle Menschen besitzen eine kulturelle Mehrfachzugehörigkeit!

Wir alle sind multikulturell

Es gibt immer und ganz selbstverständlich kulturelle Mehrfachzugehörigkeiten. Wir, aber auch unsere Kommunikations- oder Interaktionspartner, haben immer an unterschiedlichen kulturellen Bedeutungssystemen teil. Wir können gleichzeitig Angehörige eines Landes, einer Berufsgruppe, einer Generation, einer Region, eines Vereins sein und bringen auch noch unsere ganz eigene Familienkultur mit. Man spricht deshalb in diesem Zusammenhang hier auch von einem erweiterten Kulturbegriff.

- Kulturen sind nicht homogen, sondern dynamisch und veränderbar!

Kulturen verändern sich ständig

Nicht jeder Deutsche, aber beispielsweise auch nicht jeder Student, ist gleich. Und wenn dies so ist, muss man auch anerkennen, dass sich Kulturen verändern, also dynamisch sind. So haben z. B. die verschiedenen Generationen unterschiedliche Kleidungsstandards, aber auch verschiedenen Geschmack oder Moralvorstellungen (Wahrnehmungsschemata).

Ziel muss es also zunächst sein, diese Vielfalt anzuerkennen. So ist nicht jeder Deutsche fleißig, pünktlich oder biertrinkend, und nicht jeder Spanier tanzt und singt gerne. Vielmehr setzt sich die Persönlichkeit aus einer Vielzahl von Eigenschaften zusammen, die durch unterschiedliche Einflüsse hervorgerufen sind. Wir sind immer Frau oder Mann, sind in einem bestimmten Alter, sind in Städten und/oder auf dem Land sozialisiert, haben einen bestimmten Freundeskreis, der sich möglicherweise gewandelt hat. Wir entstammen unserer Familie und sind wahrscheinlich auch in einem bestimmten Land aufgewachsen. All dies und vieles mehr macht die eigene Persönlichkeit aus. Die Anerkennung dieser eigenen Vielfalt ermöglicht auch die Anerkennung der Vielfalt unseres uns fremden Gegenübers.

„Das Selbst ist eine Kategorie, die die Summe dessen beschreibt, was ein Ich, ein Subjekt über sich weiß und was andere sich einbilden, über es zu wissen ... Menschen existieren in ihren Beziehungen in mannigfaltigen Spiegelungen mit- und gegeneinander, die sich durch Schlüsselszenarien von Kindheit an aufbauen und in verschiedenen Situationen und Perspektiven erscheinen" (Reich 1998, zitiert aus http://www.jugendmuseum.de).

ÜBUNG

Die folgende Übung dient der biografischen Selbstreflexion. Diese Form der biografischen Arbeit gewinnt gerade im Rahmen transkultureller pädagogischer Arbeit immer stärker an Bedeutung. Die Übung eignet sich dabei besonders auch für die Phase des Kennenlernens in heterogenen Gruppen.

Leitfragen für Partnerinterviews oder Selbstreflexion

Versuchen Sie anhand biografischer Interviews, alleine oder im Team herauszufinden, aus welchen Einflüssen sich bestimmte Teile ihre Persönlichkeit gebildet haben.

Name, geboren in: Bedeutung des Namens:	
Familie kommt aus:	
Berufe der Eltern:	
Wohnungswechsel, Schulwechsel, Berufs-/ Bildungsgang:	
Engagement und Interessen, Hobbys: Wie kam es zu den Interessen, Auswirkungen auf die Lebensgestaltung:	
Krisenerfahrungen im Leben: Auswirkungen dieser Krisen:	
Selbsteinschätzung über Kleidungsstil, Selbsteinschätzung zum Frauen-/Männerbild:	
Fühle mich wohl/unwohl dort wo ich lebe:	
Negative/positive Erfahrungen mit Zuschreibungen:	
Ich bin schon umgezogen, „gewandert":	
Heimat heißt für mich:	

Rückschlüsse zur Übung

Mit dieser Übung werden zunächst eigene biografische Zusammenhänge sichtbar gemacht. Es werden unterschiedliche Einflussfaktoren und dabei auch gesellschaftliche Individualisierungsprozesse deutlich, die auf die persönliche Identitätsentwicklung wirken. Den Übungsteilnehmern wird bewusst, wie Biografien zum Teil auf Vorgefundenem, nicht Beeinflussbarem basieren (z.B. Namensgebung als wichtiger Teil menschlicher Identität) und wo andererseits Gestaltungspotentiale liegen (Umgang mit Krisensituation o. ä.)[1]. Wenn die Übung als Gruppenübung durchgeführt wird, können in die Auswertung unterschiedliche Schwerpunkte gelegt werden. Ein Ansatz ist es, über die Beschreibung der Namen (Vor- oder Nachnamen), die Familiengeschichte, Identitätszuschreibung (Eigen- oder Fremdzuschreibung), Genderaspekte u. ä. zu verdeutlichen. (Z. B. Yildiz heißt Stern, wir haben unsere Tochter Stern genannt weil ... Yildiz kann auch ein Jungenname sein ... Der Name wird in Deutschland immer etwas falsch ausgesprochen, da man das ‚Z' im Türkischen weich wie „S" spricht usw. ...). Ein anderer Schwerpunkt kann die Reflexion über Heimat sein. Auch hier werden wieder Zusammenhänge zu Wanderungen, positiven oder negativen Erfahrungen usw. deutlich. Mit einer Darstellung dieser Zusammenhänge sollte die Übung „vorläufig" beendet werden.

Literaturtipp:

Lesen Sie zum Thema Identitäten das Buch von Amin Maalouf, Mörderische Identitäten, Frankfurt a. M. 2005.

4.1.2 Ausfall des Orientierungssystems: Kulturschock

Beim Besuch bei Yildiz' Familie fallen Ihnen zunächst die vielen Schuhe vor der Tür auf. Richtig, in der Türkei zieht man ja in Wohnungen die Schuhe aus. In der Wohnung wird Ihnen sofort Tee und Gebäck angeboten, die typische türkische Gastfreundschaft. Auf einmal kommt eine weitere Frau in die Wohnung, offenbar eine Bekannte. Sie strecken ihr zur Begrüßung die Hand hin, aber die Frau beachtet Sie nicht, offenbar sind die Türken doch nicht so freundlich, wie Sie dachten, Sie sind verärgert. In solchen Situationen wird deutlich, dass die eigenen Standards und die unseres Gegenübers voneinander abweichen können. Dies geschieht nicht nur in Situationen mit Menschen, die aus anderen Ländern kommen, dort fällt es uns aber als eine Art „Kulturschock" stärker auf. In jedem Fall lösen solche Situationen Gefühle aus, mit denen wir im pädagogischen Zusammenhang bewusst umzugehen haben.

Beim Ausfall des herkömmlichen Orientierungssystems, also dem Eintauchen in eine fremdkulturelle Überforderungssituation, spricht man vom Kulturschock. Das erwartete Verhalten tritt nicht auf. Dies wird als bedrohlich, als psychische Belastung empfunden und ruft Wut, Enttäuschung, Aggression hervorrufen.

> *Beispiel*
> *Wenn Sie jemandem zur Begrüßung die Hand hinhalten, erwarten Sie eine spezifische Reaktion, nämlich dass die Person Ihnen ebenfalls die Hand gibt. Geschieht das nicht, ruft dies bei Ihnen eine Irritation hervor, die sich in Wut oder Unverständnis äußern kann.*

Tritt erwartetes Verhalten nicht auf, kann dies Wut, Enttäuschung, Aggression hervorrufen.

Neben der Möglichkeit, auf die Konfrontation mit Fremden bzw. mit Regelverletzungen der eigenen Standards mit heftigen ablehnenden Emotionen wie Wut,

1 *Weitere Übungen zum biografischen Arbeiten finden Sie im Übungsteil im Anhang.*

Aggression und Enttäuschung zu reagieren, gibt es auch die Möglichkeit der Vermeidung, Verdrängung und Ignorierung von fremdkulturellen Kontakten bzw. Unterschieden. Eine dritte Form der Kulturschockreaktion ist die Idealisierung bzw. Exotisierung. Hierbei geht man davon aus, dass das eigene Befremden unterschlagen wird und die fremdkulturellen Verhaltensäußerungen in eigene bekannte Schemata übersetzt werden. Z. B. würde häufiges Lächeln im asiatischen Raum als Höflichkeit und somit positiv übersetzt werden, womit man schnell von der höflichen asiatischen Kultur spricht. Lernt man seine asiatischen Interaktionspartner dann mit denselben „unhöflichen" Anteilen, die einem selber inne sind, tatsächlich kennen, kippt diese vormals positive Zuschreibung (Asiaten sind alle höflich) schnell in die gegenteilige Verallgemeinerung (die Asiaten tun alle nur so, als seien sie höflich).

„Probleme in der interkulturellen Verständigung entstehen demnach nicht allein durch die Konfrontation mit Unbekanntem, sondern durch die Einordnung, Interpretation und Bewertung des Fremden nach den eigenkulturellen Erwartungsstrukturen" (Grosch & Leenen 2000, S. 32).

4.1.3 Rückschlüsse für die pädagogische Arbeit mit Kindern bis drei Jahren

Sie sind bei Judiths Eltern, Familie Meyer, eingeladen. Sie klingeln an der Tür. Judiths Mutter öffnet, dreht sich aber sofort um und geht in die Wohnung. Sie treten leicht irritiert ein und folgen ihr Richtung Küche: „Kommen Sie rein, ich wasche nur noch kurz ab". Die Wohnung ist für Ihre Begriffe etwas unordentlich und dreckig, Judith spielt auf dem Boden, ihr Nuckel fällt runter. In diesem Moment kommt Judiths Mutter, sie sieht den Nuckel und steckt ihn Judith ohne ihn zu säubern wieder in den Mund, Sie sind einigermaßen geschockt.

Enkulturation: *Den (frühkindlichen) Prozess „kultureller Prägung" also die Verinnerlichung von Kulturstandards (z. B. Hygiene-, Höflichkeitsregeln) nennt man Enkulturation.*

„Den (frühkindlichen) Prozess des Lernens und Verinnerlichens von Kulturstandards (z. B. Hygiene-, Höflichkeitsregeln, Moral) nennt man Enkulturation. In der Sozialisation geht die gesellschaftliche Wirklichkeit sozusagen in ‚Fleisch und Blut' über. Der Prozess der Enkulturation, also die ‚kulturelle Prägung', findet im Wesentlichen in der Primärsozialisation statt. Die Entwicklungsprozesse der Persönlichkeit sind besonders tiefgreifend und nachhaltig und wirken oft ein Leben lang. Hierzu gehören Reinlichkeit, Ekel und Schamgefühle (wie z. B. das Essen mit Fingern, die Nutzung von Toilettenpapier), Stimmhöhenmodulation (Laut/Leise-Reden), Alltagsverhalten (Stillsitzen), Zeitgefühl, Triebaufschub" (vgl. Grosch & Leenen, 2000, S 34).

Durch den Prozess der Enkulturation wird der Mensch zum gesellschaftlichen Wesen und findet sich in dem spezifischen Orientierungssystem (Kultur) zurecht, deren Standards er erlernt hat. In dem Moment, in dem ein Kind zum Beispiel in der Tageseinrichtung andere Regeln, Gewohnheiten, Standards kennenlernt als zu Hause, lernt es bereits auch, sich in einem anderen Regelsystem zu orientieren. Kinder lernen dabei auf natürliche Art Vielfalt kennen.

Kulturzentrismus *Jeder Mensch nimmt die Welt durch seine „kulturelle Brille" wahr*

Menschen lernen nach und nach die Welt auf ihre spezifische kulturell geprägte Art wahrzunehmen. Kultur wirkt dann wie eine „Brille", durch die die Welt (quasi vom

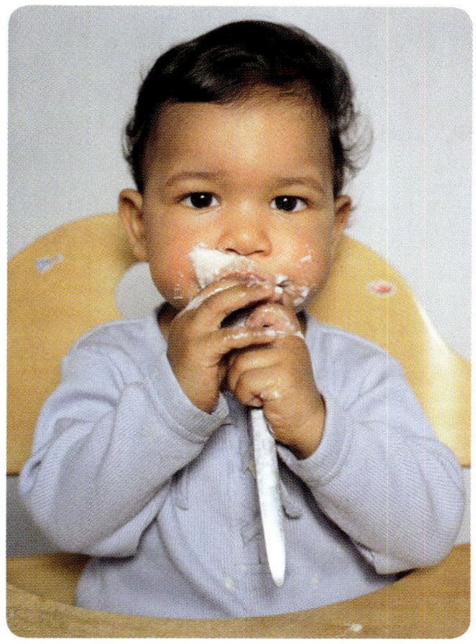

eigenen Eisberg aus) wie von einem zentralen Punkt aus betrachtet wird. Spricht man beim Kind bis zu einem bestimmten Alter vom Egozentrismus, so kann man beim Erwachsenen generell von einem Kulturzentrismus sprechen. Das Eigene ist dann das Normale und Richtige, die Abweichung irritiert und wird als falsch empfunden. Die Bewusstmachung, im besten Falle die Überwindung dieses Kulturzentrismus ist ein wesentlicher Schritt hin zu „Interkultureller Kompetenz", also zur Fähigkeit mit Irritationen, die bei Störungen des Orientierungssystems „Kultur" zustande kommen, konstruktiv umzugehen. Wie dies geleistet werden kann, soll im nachfolgenden Abschnitt erörtert werden.

Im Hinblick auf die pädagogische Arbeit mit Kindern lässt sich folgendes festhalten

- Kultur ist nicht angeboren!

  Da sich Kulturen (im Gegensatz zur Natur) aus der Vielfalt menschlicher Erzeugnisse in geistiger und materieller Hinsicht zusammensetzen, ergibt sich daraus auch, dass Kulturen nicht angeboren sind, sondern erlernt werden.

- Wenn wir mit Kindern erzieherisch tätig sind, mit ihnen basteln, spielen oder sprechen, erzeugen wir Kultur.

  So bringen wir Kultur, also gesellschaftliche Standards wie Sprache, Normen und Werte, Spiel- und Alltagsverhalten den Kindern bei und erzeugen damit gleichzeitig Kultur, also gesellschaftliche Wirklichkeit.

4.2 Und wie erwirbt man interkulturelle Kompetenz?

Diskutieren Sie zum Einstieg folgende Thesen und entscheiden Sie.

- In jeder Auseinandersetzung mit ‚Fremden' sind immer auch Aussagen über das „Eigene" enthalten.
- Um pädagogische Situationen angemessen zu gestalten, müssen wir uns mit diesem Eigenen, also mit den eigenen Bildern und Vorstellungen auseinandersetzen.
- Die Empfindung von Fremdheit kommt erst durch den in der Regel unbewussten Vergleich mit uns selbst zustande.
- Durch den Vergleich mit Fremdheit werde ich mir meiner Normalitätsempfindung bewusst und kann diese erweitern oder verändern. Dadurch ändert sich auch mein Bild auf Fremdheit.
- Dies setzt die Bereitschaft voraus, Gewohntes in Frage zu stellen.
- Auf dem Weg zu interkultureller Kompetenz führt kein Weg an der Sensibilisierung für das Eigene, genauer, die eigene Kultur vorbei.

Rückschlüsse zur Übung

Ausgangspunkt für den Erwerb interkultureller Kompetenz ist die oben beschriebene Annahme eines generell vorhandenen Kulturzentrismus. Wir alle halten unsere eigenen Regeln, unsere Kulturstandards für die „normalen". Dies gilt aber auch für Menschen, die andere Standards haben. Um den eigenen Kulturzentrismus bewusst zu machen, müssen wir versuchen, unsere eigene „kulturelle Brille" einmal abzunehmen. Dieser Prozess ist schwierig und oftmals geradezu schmerzhaft. Schließlich machen unsere Kulturstandards unsere Persönlichkeit ganz wesentlich aus. All dies in seiner Selbstverständlichkeit in Frage zu stellen, also sich vorzustellen, dass Dinge aus einer anderen Perspektive auch anders aussehen und wirken können, kann durchaus auf Widerstände stoßen. Andererseits ist Empathie, also die Fähigkeit sich in andere hineinzuversetzen, eine wesentliche Schlüsselkompetenz für pädagogisch Handelnde, was auch auf die kulturelle Ebene übertragen werden sollte. Ein weiterer Schritt zu interkultureller Kompetenz, also zur Fähigkeit konstruktiv mit Fremdheit umzugehen, könnte darin liegen, einmal eine andere „kulturelle Brille" aufzusetzen und die Welt mit den Augen einer fremden Kultur zu sehen. Es geht also um die Fähigkeit der Perspektivübernahme. Hierdurch kann sich unsere bisher selbstverständliche Perspektive erweitern. Man könnte auch sagen: Durch Spiegelung in einer anderen ‚kulturellen Brille' wird unsere eigene „kulturelle Brille" sichtbar. Hierzu gehören die oben beschriebenen Selbstwahrnehmungsübungen bzw. pädagogisch arrangierten kulturellen Irritationen.

ÜBUNGEN ZUR REFLEXION

1. Versuchen Sie herauszufinden, woher die folgenden Standards kommen, welche Bedeutung sie haben und überlegen Sie sich, wie diese Standards auf andere wirken können, die andere Standards haben. Welche anderen Kulturstandards für gleiche oder ähnliche Situationen (z. B. Begrüßung) kennen Sie? Woher könnten diese kommen und wie wirken diese auf Sie?

   Oft wissen wir gar nicht, woher unsere Rituale und Gestiken kommen.

Situation	Kulturstandard	Entstehung	Bedeutung	Wirkung auf mich/ auf andere	Anderer Kulturstandard für die gleiche Situation
Begrüßung	Hand geben				Verbeugung
Wiedersehen unter Männern	Auf die Schulter klopfen				

Situation	Kultur-standard	Entstehung	Bedeutung	Wirkung auf mich/ auf andere	Anderer Kulturstan-dard für die gleiche Situation
Mit dem Part-ner spazieren gehen	Arm über die Schulter				
Wichtiges Fest/Rituale z. B. Weih-nachten	Weihnachts-baum/ Geschenke				
z. B. Ostern	Eier verstecken				
Beerdigung	Leichen-schmaus, ‚Trauerfeier'				
Unterricht	Am Tisch sitzen				
Ausflug mit Babys	Kinderwagen				
...					

2. Überlegen Sie sich weitere Situationen. Dabei sind Ihrer Fantasie und Beobachtungsgabe keine Grenzen gesetzt.

Rückschlüsse zur Übung

- Es ist in der interkulturellen Begegnung wichtig, Abweichungen zunächst einmal als abweichend wahrzunehmen, ohne diese sofort zu bewerten.
- Um im Bild zu bleiben: Unterschiede, die im sichtbaren Teil des Eisbergs wahrgenommen werden, müssen im unsichtbaren Teil gar nicht so groß sein, wie gedacht.
- Vielleicht haben sichtbare Standards völlig andere Bedeutungen als wir ihnen aus unserer Perspektive zunächst zuschreiben.
- Um sich der eigenen Wahrnehmungsschemata und somit der eigenen Bewertungsschemata bewusst zu werden, ist es wichtig, sich über die eigene kulturelle Prägung (Enkulturation) bewusst zu werden.
- Hierzu sind sogenannte kulturelle Regelverstöße durch spezifische Übungen hilfreich.

ÜBUNG ZUR BEWUSSTMACHUNG DER EIGENEN KULTURELLEN „NORMALITÄT" DURCH „GRENZÜBERSCHREITUNGEN"

Bewusstwerdung des eigenen Kulturzentrismus: Spiegelung der eigenen „kulturellen Brille", wie nehme ich die Welt wahr?

Versuchen Sie in alltäglichen Situationen mit Ihnen vertrauten Personen einmal für Sie geläufige Normalitäten zu überschreiten:

1. Rücken Sie im Alltagsgespräch ihrem Gesprächspartner einmal näher als gewohnt „auf die Pelle"!
2. Berühren Sie Ihren Partner beim Gespräch immer wieder am Arm!
3. Gucken Sie Ihrem Partner beim Gespräch pausenlos in die Augen!
4. Gucken Sie Ihren Partner beim Gespräch nie an!
5. Lachen Sie beim Gespräch pausenlos!
6. Reden Sie sehr leise/sehr laut!
7. Setzen Sie sich beim Gespräch unvermittelt einfach auf den Boden und reden Sie dabei weiter!

Rückschlüsse zur Übung

Sie können diese Übung gut auch im Team machen, indem die Hälfte der Gruppe, ohne dass sie weiß, was auf sie zukommt, kurz nach draußen gebeten wird und die andere Hälfte der Gruppe instruiert wird, nach dem Wiedererscheinen jeweils bei einem Gesprächspartner eine der „Grenzüberschreitungen" zu praktizieren. Nach ein paar Minuten wird die Übung beendet, aufgelöst und die Teilnehmer über ihre Empfindungen befragt. Hierbei werden schnell Gefühle wie Unbehagen, Unsicherheit, Irritation manchmal auch Ärger deutlich. Ganz ähnlich ist es ja auch im realen Leben. Wir sind bestimmte Verhaltensmuster gewohnt, die uns in der Regel nicht bewusst sind. Werden diese Erwartungen nicht erfüllt, kann es dazu kommen, dass die jeweilig beteiligten Individuen weder angemessen ihre Handlungsabsichten verdeutlichen können, noch die Verhaltensweisen des kulturell anders geprägten Kommunikations- bzw. Interaktionspartners eingeordnet werden können. Diese Veränderungen erzeugen Unbehagen usw. Wir versuchen solche Situationen zu vermeiden.

4.2.1 Handlungsvorschlag für den Umgang mit interkulturellen Irritationen

In den vorangegangenen Kapiteln wurde immer wieder darauf hingewiesen, dass in der Arbeit mit uns fremden Menschen, z. B. Migranten, die Reflektion eigener Normen und Werte, eigener Wahrnehmung und Vorurteile auch die Frage nach eigenen Fremdheitserfahrungen oder der eigenen „Kulturen" von maßgeblicher Bedeutung ist. Da jeder Mensch die Welt aus der eigenen Perspektive wahrnimmt und diese immer auch kulturell geprägt also enkulturiert ist, kommt es bei der Begegnung mit fremdkulturell geprägten Menschen schnell zu Vorurteilsbildung, zu Stereotypen. Man betrachtet die Person primär nicht als Individuum sondern als Angehörige einer bestimmten Gruppe (Frau/Mann, Deutscher/Vietnamese usw.) und ruft die Informationen ab, die man über die jeweilige Gruppe zur Verfügung hat. Dieser Prozess läuft in der Regel unbewusst hab. Das Bild, was man sich von der anderen Person oder einer bestimmten Handlung dieser Person macht, wird dabei immer auch auf der Basis der eigenen „Normalitätsvorstellung“ bewertet. Hierdurch können Unbehagen, Unsicherheit, Missfallen entstehen, pädagogische Situationen drohen kontraproduktiv zu verlaufen. Gerade aus diesem Grunde ist es die Aufgabe der pädagogischen Fachkraft, die interkulturelle Begegnung dahingehend konstruktiv zu gestalten, dass Fremdheit (im Verhalten, im Aussehen, im Kommunizieren) als solche ausgehalten wird, ohne sie zunächst unmittelbar zu bewerten. An geeigneter Stelle gilt es, sich (z. B. durch nicht-bewertendes Nachfragen) Informationen über die andere (Familien)-Kultur zu verschaffen. Da auch das eigene Verhalten vom Gegenüber als fremd und möglicherweise irritierend wahrgenommen werden kann, ist es wichtig, auch eigene Verhaltensweisen in ihrer Bedeutung zu erläutern. Schließlich kann interkulturelle Kompetenz durch die Fähigkeit zum Ausdruck kommen, selektiv und zeitweise fremdkulturelle Standards zu übernehmen und auf dieser Basis gemeinsam neue Standards, Regeln etc. auszuhandeln.

Interkulturelles Lernen wird also als ein Prozess verstanden, in dessen Verlauf sich der Umgang mit eigener und fremder Kultur verändert (vgl. Grosch & Leenen, 2000, S. 37). Dabei geht es um die dauerhafte Fähigkeit, mit Angehörigen anderer Kulturen erfolgreich und kultursensibel interagieren zu können, was wiederum durch interkulturelles Lernen erreicht werden soll (Grosch & Leenen, 2000, S. 29–44). Schließlich geht es insgesamt darum, „Fähigkeiten zu entwickeln, die flexible und wechselseitig befriedigende interkulturelle Interaktionen ermöglichen“ (Grosch & Leenen, 2000, S. 42).

Es ist Sommer und sehr heiß. Yildiz wird von ihrem Vater zu Ihnen in die Kindertageseinrichtung gebracht. Im anliegenden Garten spielen andere Kinder der Gruppe nackt an einem aufblasbaren Pool und dem Rasensprenger. Es herrscht eine ausgelassene und fröhliche Stimmung. Auf einmal bemerken Sie einen irritierten, schockierten Gesichtsausdruck im Gesicht von Yildiz' Vater. Er hält seine Tochter an der Hand, stockt und will sie scheinbar nicht zu Ihnen in die Obhut lassen. Sie spüren ein gewisses Unbehagen, aber auch Wut: Was soll denn das schon wieder, dürfen jetzt nicht einmal mehr die Kleinen im Sommer ihren Spaß haben, was für eine rückständige Moral!

In diesem Beispiel, das so oder ähnlich oftmals aus der Praxis berichtet wird, scheinen offenbar unterschiedliche Normen (was finde ich normal) und Werte (wie bewerte ich etwas) aufeinander zu treffen. Während wir in unserem alltäglichen Leben durchaus sagen könnten „na dann eben nicht“, geht es im vorliegenden pädagogischen Zusammenhang allerdings primär um Yildiz, also um das Kind.

Die Frage lautet hier:

Wie können wir als pädagogische Fachkraft die Situation dahingehend konstruktiv gestalten, dass das Kind einen größtmöglichen Nutzen davon hat.

Kind im Mittelpunkt

Und:

Wir müssen uns ins Bewusstsein rufen, dass es unabhängig von unserer Bewertung, ohne die Berücksichtigung der Familie bzw. der in dieser Familie vorherrschenden Normen und Werte nicht geht.

Ohne Eltern geht es nicht

Handlungsvorschlag

Überprüfen Sie, inwieweit der folgende Handlungsvorschlag einen Beitrag zur konstruktiven Gestaltung o.g. exemplarischer Situation leisten kann.

Unbehagen als Signal/Werkzeug nutzen

- Nutzen Sie Ihr Unbehagen, Ihr Unverständnis als Werkzeug: Es signalisiert, dass hier eine Situation vorliegt, die reflektierten Umgang erfordert. Es gibt offenbar auf beiden Seiten eine Irritation.

Situation nicht sofort bewerten

- Versuchen Sie zunächst Ihre Bewertungen zurückzudrängen, gehen Sie auf Ihr Gegenüber zu. Sie sind als Fachkraft diejenige, die hier gefragt ist.
- Wenn es gilt im geeigneten Moment nachzufragen, so kann dies auch heißen, hier durch Aufforderung (möchten Sie noch einen Moment bleiben?) einen solchen Moment herzustellen.

Nachfragen

- Fragen Sie nach! Wenn dies nicht bewertend geschieht, ermöglicht es Ihrem Gegenüber seine eigene Unsicherheit dadurch zu überwinden, dass er eigene Vorstellungen oder die eigene Irritation darstellen kann.
  - Ein bewertendes Fragen wäre z.B.: Warum stört Sie das denn jetzt?
  - Vielleicht wäre es angemessener zu fragen: Ist es Ihnen eigentlich recht, wenn Ihre Tochter Badebekleidung trägt oder darf sie auch nackt im Garten spielen.

Akzeptieren

- Akzeptieren Sie die Vorstellung Ihres Gegenübers, auch wenn Sie sie nicht für richtig erachten.
- Versuchen Sie im Sinne der Selbstreflexion zu einem späteren Zeitpunkt einmal Ihre eigenen Normen und Wertemaßstäbe bezogen auf das Beispiel (hier Nacktheit) zu ergründen (wo, wann ist es für mich angemessen, z.B: Sauna, FKK, wo irritiert mich Nacktheit?).
- Sprechen Sie mit Personen darüber, die Ihnen vertraut sind. Hierdurch wird möglicherweise deutlich, dass es eine Vielfalt von Normalitätsvorstellungen auch in Ihrem eigenen Umfeld gibt.
- Die Akzeptanz der Vorstellungen des Vaters kann bereits als selektive Übernahme fremdkultureller Standards gewertet werden.
- Erläutern Sie (vielleicht bei einer nächsten Gelegenheit) auch Ihre Vorstellungen zu Nacktheit z.B. für die Entwicklung des Körpergefühls der Kinder. So erhält auch Ihr gegenüber Einblick in Ihre normativen Vorstellungen.

Gemeinsame Regeln entwickeln

- Vielleicht ist es möglich nach einer Weile auf Basis dieses gegenseitigen Austausches und Verständnisses neue, gemeinsame Regeln zu entwickeln.

4.2.2 Handlungsanleitung für die konstruktive Gestaltung der „Interkulturellen Begegnung"

In den folgenden praktischen Handlungsanleitungen sollen Ihnen weitere Hinweise gegeben werden, wie Sie in kulturellen Überschneidungssituationen Eigen- und Fremdperspektive erkennbar machen können, um in Belastungssituationen angemessen zu reagieren. Ausgangspunkt sind Situationen, in denen gewohnte Kommunikations- oder Handlungsschemata nicht funktionieren. Der daraus resultierende Orientierungsverlust wird als emotional belastend empfunden und löst Unsicherheiten, Ängste oder Wut aus. Es entsteht das Gefühl, dass man nicht weiß, wie man sich verhalten soll.

Erste Schritte für die konstruktive Gestaltung

- Machen Sie sich klar, dass die Stressgefühle in dieser Situation normal sind.
- Wahrscheinlich empfindet auch Ihr Gegenüber gerade so wie Sie.
- Versuchen Sie zunächst die Stressgefühle auszuhalten. Reagieren Sie nicht sofort emotional. Warten Sie ab und beobachten Sie die Situation.
- Bewerten Sie das Wahrgenommene zunächst nicht, sondern beschreiben Sie es.
- Schulen Sie hierzu Ihre eigene Wahrnehmungsfähigkeit.
  - Ziel ist es, dass Sie zwischen der rein beschreibenden, einer interpretierenden und einer bewertenden Wahrnehmung unterscheiden.
  - Nur so können Sie vermeiden, unbewusst von sichtbaren Handlungen auf nicht-sichtbare Anteile (z. B. Normen/Werte) zu schließen und somit immer auf Basis eigener kultureller Schemata zu interpretieren und zu werten.

Beschreibendes und interpretierendes Wahrnehmen

Zur Schulung der eigenen Wahrnehmung können Sie wie folgt vorgehen:

- Fragen Sie sich im Rahmen der beschreibenden Wahrnehmung:
  - Was nehme ich konkret wahr?
  - Was tut mein Gegenüber genau?
  - Was sehe ich ganz konkret?

Denken Sie daran: Dies sind die zunächst einzigen verlässlichen Informationen, die Sie in dieser Situation zur Verfügung haben. Je konkreter Sie Informationen und Daten sammeln, umso besser können Sie nun auch Ihre eigenen Interpretations- und Bewertungsschemata aufdecken.

- Das interpretierende Wahrnehmen verläuft nach folgenden Fragen:
  - Was ist die Erklärung für das von mir beobachtete Verhalten?
  - Was sind mögliche Hintergründe?
  - Was sind meine Vermutungen, warum das Beobachtete geschieht?

An dieser Stelle kann Ihnen bewusst werden, welches Verhalten Ihres Gegenüber zu Unwohlsein, Unsicherheit, Ärger führt (z. B. sehr lautes Reden). Überlegen Sie welche Vermutungen Sie über Gefühle und Gedanken Ihres Gegenüber haben. Denken Sie daran: dies sind Ihre eigenen Vermutungen.

- Auf Grundlage der Interpretationen können nun die eigenen Bewertungen bewusst gemacht werden:
  - Wie empfinde ich das Beobachtete?
  - Empfinde ich das beobachtete Verhalten als gut oder schlecht?

Nur durch Nachfragen können Sie Gewissheit darüber erlangen, ob diese Vermutungen mit der Realität übereinstimmen. Beim Nachfragen sollten Sie Ihre beschreibende Wahrnehmung schildern (Du redest sehr laut, bist Du sauer auf mich?) und nicht von Ihren Bewertung ausgehen (Warum schreist Du mich so aggressiv an?). Seien Sie bereit, erste Einschätzungen zurückzunehmen, wenn Sie z. B. durch Nachfragen gegenläufige Informationen erhalten.

- Akzeptieren Sie, dass Verhaltensweisen, die normalerweise für Sie eine bestimmte Bedeutung haben (z. B. lautes oder leises Reden, Weggucken oder intensives Anschauen), etwas völlig anderes bedeuten können. Dies gilt gerade auch für nonverbale Signale. Denken Sie daran: Möglicherweise nimmt auch Ihr Interaktionspartner die Dinge aus einer anderen Perspektive wahr. Es ist also wichtig, auch einen Perspektivwechsel vorzunehmen und zu Fragen: Wie wirkt mein Verhalten möglicherweise auf den Anderen?

Wahrnehmung der eigenen Perspektive

- Machen Sie sich mit folgenden Fragen zunächst die eigene Perspektive bewusst, die Sie in die Situation bzw. die Kommunikation einbringen:
  - Was an meinem Handeln ist möglicherweise kulturbestimmt?
  - Was sind meinem Handeln zugrunde liegende Werte, Normen und Einstellungen?
  - Welche Erwartungen an mein Gegenüber ergeben sich aus meinen Handlungen?

Versuchen Sie sich dabei quasi mit dem Blick eines Fremden, distanziert und von außen, zu betrachten.

- Versuchen Sie nun für die konkrete Situation davon auszugehen, dass es höchstwahrscheinlich auch eine andere, also Fremdperspektive auf das Geschehen gibt.
  - Wie wirkt mein Handeln möglicherweise aus der Perspektive meines Gegenübers?
  - Welche Bedeutung könnte mein Verhalten aus der Perspektive meines Gegenübers haben?

Dies ist emotional oft gar nicht so einfach, weil damit die Verlässlichkeit und Selbstverständlichkeit der eigenen Perspektive aufgegeben wird. Empathie als ein großes Maß an Einfühlungsvermögen und die Bereitschaft zu akzeptieren, dass es Fremdperspektiven gibt, sind hier unabdingbar.

- Ziel ist es nun, die verschiedenen Perspektiven zu berücksichtigen und auf einander zu beziehen.
  - Beharren Sie, auch bei abweichenden Standpunkten, nicht auf Ihrem Standpunkt.
  - Suchen Sie nach Kompromissmöglichkeiten.

- Versuchen Sie dabei die unterschiedlichen Perspektiven als gleichberechtigt zu betrachten.
- Jede Seite muss ihren Standpunkt benennen und einbringen können, um auf dieser Basis Kompromisse zu finden und Lösungen auszuhandeln.
- Fragen Sie angemessen und sensibel nach und sprechen Sie Wahrgenommenes an.

Hinweis aus der Praxis

Einbinden statt ausgrenzen!

Gerade bezogen auf das Geschlechterrollenverständnis werden aus der Praxis immer wieder die größten Schwierigkeiten geschildert. Mädchen dürfen zum Beispiel auf Veranlassung der Väter nicht an bestimmten Aktivitäten teilnehmen. Ein weiteres Problem ist die Gewalt in der Erziehung, nicht nur, aber auch in Migrantenfamilien. Die hier auftretenden Probleme weisen eventuell auf einen schwierigen Rollenwechsel hin. Während diese Väter ursprünglich in einer Versorger-/Ernährerrolle waren, sind sie nun oftmals von Arbeitslosigkeit betroffen, oder dürfen z. B. als Asylbewerber nicht arbeiten. Sie sind mit den Erziehungsfragen überfordert und versuchen die von ihnen als traditionell erachteten Standards zu bewahren. Der Prozess, im Sinne der Kinder, aber auch der Eltern, eine Einstellungsänderung herbeizuführen, ist oft langwierig und schwierig. Ein Schlüssel liegt im Aufbau der Beziehungsarbeit. Diese erfordert die oben beschriebenen Schritte, zu einem nichtbewertenden, konstruktiven Einbinden der Eltern. Oft ist es hilfreich, Eltern in Elterngesprächen über ihre eigene Erziehung (z. B. hinsichtlich von Gewalterfahrungen, Geschlechterrollen etc.) zu befragen. Hierdurch wird auch bei den Eltern ein Reflexionsprozess über Erziehungsvorstellungen in Gang gesetzt (vgl. Kapitel Zusammenarbeit mit Eltern). Hilfreich sind hier auch Erziehungsberatungen durch Migranten-Selbsthilfe-Vereine (vgl. Anhang: Kooperationspartner).

4.3 Zusammenfassung

In der pädagogischen Arbeit im interkulturellen Zusammenhang ist es notwendig, eigene Einstellungen zu Migranten zu überprüfen und sich in diesem Zusammenhang zunächst mit sich selbst auseinanderzusetzen. Gerade die Erscheinung von fremden Verhaltensäußerungen, Werte- oder Erziehungsvorstellungen, religiösen Verhaltensnormen oder Ritualen erschweren häufig den offenen, unvoreingenommenen Umgang in der interkulturellen Situation.

Unsicherheit im Umgang kann zu Ablehnung auf beiden Seiten führen. Um Unsicherheiten oder Unklarheiten zu bewältigen, werden oftmals geistige Bilder und Schubladen aktiviert, es kommt unbewusst zur Vorurteils- und Klischeebildung im positiven wie im negativen (Asiaten sind alle nett, Türken sind alle gastfreundlich oder islamische Frauen sind alle unterdrückt, arabische Männer sind alle Machos). Was verloren geht, ist die differenzierte, persönliche und individuelle Auseinandersetzung mit jedem Einzelnen. Menschen müssen aber mit ihren jeweiligen Unterschieden, Problemen, Wünschen und Bedürfnissen individuell wahrgenommen werden. Migranteneltern z. B. aus der Türkei sind nicht alle gleich (genau wie deutsche Eltern nicht alle gleich sind), auch wenn sie manchmal ähnliche Themen haben, die sie verbinden. In diesem Sinne ist es auch wichtig, sich der eigenen Ängste, Unsicherheiten und auch Vorurteile bewusst zu sein und daran zu arbeiten.

Durch die Schulung der Wahrnehmung und der hieraus resultierenden Fähigkeit zum Perspektivwechsel wird es möglich, den eigenen Handlungsrahmen zu erweitern. Ziel dabei ist es, eine größere Flexibilität im Handeln zu erlangen. Es geht also um die Fähigkeit nicht auf eigenen Gewohnheiten, z. B. was Kommunikationsregeln angeht, zu beharren, sondern mit unterschiedlichen Regeln flexibel umzugehen. Man nennt die Übernahme fremdkultureller Muster Akkulturation, es handelt sich um einen Umlernprozess, der in der Enkulturation erworbenen Standards. Interkulturelle Verständigung wird durch diese gegenseitige Anpassung möglich und konstruktiv. Die Frage, wie weit die Anpassungsleistung zu vollbringen ist, muss dabei situations- und personenabhängig immer wieder neu beantwortet werden. Denken Sie immer daran: Interkulturelle Kommunikation oder Interaktionen finden immer zwischen Individuen, also konkreten Menschen statt und nicht zwischen „Kulturen". Daher geht es immer neu um Austausch mit dem jeweilig anderen Menschen. Der Prozess hin zu interkulturell kompetentem Verhalten und zur Fähigkeit selektiver Akkulturation muss wie die Enkulturation als langer, wenn nicht lebenslanger Prozess aufgefasst werden.

Der Weg sei hier in Anlehnung an Grosch & Leenen (2000) noch einmal zusammengefasst.

Phasen interkulturellen Lernens

- Akzeptieren Sie, dass menschliches Verhalten, so auch Ihr eigenes, generell kulturgebunden ist. Jeder Mensch ist in seiner Kindheit enkulturiert und empfindet bestimmte Dinge als normal, schön, angenehm usw.
- Versuchen Sie fremdkulturelle Muster als fremd wahrzunehmen, ohne diese sofort positiv oder negativ bewerten zu müssen. Akzeptieren Sie, dass es unterschiedliche Wahrnehmungsmuster gibt.
- Versuchen Sie auch Ihre eigenen Kulturstandards zu identifizieren und zu lernen, Ihre Wirkung auf anderskulturell sozialisierte Menschen abschätzen zu können.
- Erweitern Sie ihr Wissen über bestimmte fremde Kulturen. Informieren Sie sich, was bestimmte Standards bedeuten könnten, fragen Sie nach.
- Entwickeln Sie Respekt und Verständnis für fremdkulturelle Verhaltensmuster.
- Erweitern Sie Ihre eigenen kulturellen Optionen:
  - Lernen Sie mit kulturellen Regeln flexibel umzugehen.
  - Versuchen Sie selektiv fremde Kulturstandards zu übernehmen.
  - Wählen Sie in den jeweiligen Situationen zwischen den kulturellen Optionen.
- Bauen Sie zu anderskulturell sozialisierten Personen Beziehungen auf, in denen Sie mit Konflikten konstruktiv und praktisch umgehen und die so für beide Seiten konstruktiv und befriedigend sind.

Ein mögliches Phasenmodell für den Prozess interkulturellen Lernens

Denken Sie immer daran: Interkulturelle Kommunikation oder Interaktionen finden immer zwischen Individuen, also konkreten Menschen statt und nicht zwischen „Kulturen".

Informationen im www

Weitere Informationen zum Thema Kultur und Interkulturelle Kompetenz finden Sie unter

http://www.tu-dresden.de/sulifg/daf/mailproj/kursbu11.htm

und unter

http://www.emil.ikk.lmu.de/deutch/Handbuch-EMIL-Volltext.pdf.

5 Vorurteilsbewusst arbeiten mit Kindern bis drei Jahren

Sie sind mit Yildiz, Judith und Khiem in öffentlichen Verkehrsmitteln unterwegs zu einem Ausflug. An einer Station steigt ein Mann, der im Rollstuhl sitzt, ein. Yildiz fragt erstaunt: „Ist der Mann krank?“ Einige Stationen weiter setzt sich ein dunkelhäutiger Fahrgast neben Judith. Sie streicht ihm zart über den Arm und betrachtet danach erstaunt ihre Handfläche. In dieser Zeit hat Khiem eine Frau ausgemacht und ruft laut: „Die ist aber dick!“ Schließlich fangen alle drei Kinder laut an zu reden. Die Situation wird Ihnen zu unruhig: „Kinder, seid bitte etwas ruhiger, in der U-Bahn muss man leise sein!“

5 Vorurteilsbewusst arbeiten mit Kinder bis drei Jahren

Je früher die Fähigkeit, mit Vielfalt konstruktiv umzugehen, erlernt wird, umso weniger müssen, um diese Offenheit zu erlangen, z. B. im Erwachsenenalter verfestigte Vorurteilsstrukturen wieder bewusst gemacht und aufgelöst werden. Deshalb ist es sinnvoll, wenn interkulturelle Lernprozesse schon im frühkindlichen Alter ansetzen.

Darum geht es

Kinder wachsen mit unterschiedlichen herkunfts- und familienkulturellen Standards auf, dies gilt es zu berücksichtigen!

Für die Arbeit im interkulturellen Kontext – z. B. im Umgang mit Eltern – ist es wichtig sich bewusst mit den eigenen Vorurteilen auseinanderzusetzen. Diese „Vorurteilsbewusstheit" ist auch in der konkreten Arbeit mit Kindern von wesentlicher Bedeutung. Diese ergibt sich aus den Entwicklungsaufgaben, die Kinder in dieser Altersphase zu bewältigen haben. Hierzu gehören die wichtigen Enkulturationsprozesse im frühkindlichen Alter, wie sie im vorherigen Kapitel beschrieben wurden. So werden z. B. Reinlichkeits- und Hygieneregeln (aber auch das Gefühl für angemessene Lautstärke beim Reden) in diesem Alter so stark verinnerlicht, dass Verletzungen dieser Regeln ein Leben lang Unwohlsein, Peinlichkeit, Wut etc. auslösen können. Es muss also schon in diesem Alter bewusst mit Unterschieden hinsichtlich der Kulturstandards umgegangen werden. Kinder wachsen mit unterschiedlichen herkunfts- und familienkulturellen Standards auf, die stets berücksichtigt werden müssen.

Hinzu kommt, dass Untersuchungen gezeigt haben, dass Kinder bereits im ersten Lebensjahr in der Lage sind, äußerliche Unterschiede wahrzunehmen. Hierzu gehören unterschiedliche Hautfarben, körperliche Unterschiede z. B. bei Behinderungen und ab ca. zwei Jahren die Geschlechterunterschiede.

Kinder nehmen Unterschiede schon im ersten Lebensjahr war.

Kinder weisen dabei in Bezug auf die Unterschiede, Neugierde, Wissbegierigkeit und Lernbereitschaft auf. Sie fragen nach den Gründen und wollen Erklärungen für Unterschiede. Schließlich konstruieren sich Kinder durch Unterscheidungen nach und nach ihre Weltvorstellung, entdecken ihre Eigenständigkeit und entwickeln in Unterscheidung zur sie umgebenden Umwelt ihre Identität. Dies ist der Grund, warum es für Kinder in diesem Alter so wichtig ist, Unterschiede wahrnehmen, benennen und thematisieren zu können. Oft denken Erwachsene aber in unbewussten Kategorien („so ist das eben"), sind in Vorurteilsstrukturen verhaftet („so sind Erwachsene eben") und übertragen Vorurteilsstrukturen unbewusst in der Erziehung auf die Kinder. Außerdem neigen Erwachsene im Alltag dazu, Unterschiede zu ignorieren („guck da nicht hin"). So ist im pädagogischen Alltag der reflektierte Umgang mit Fragestellungen von Kindern zu Unterschiedlichkeiten, die ihnen auffallen, oft nicht einfach. Dort, wo Kinder Fragen zu Unterschieden stellen, die ihnen auffallen (z. B. über Frauen- und Männerrollen), müssen diese Themen bewusst und reflektiert aufgegriffen werden. Gleichzeitig müssen Kinder (und deren Familie, Herkunftskultur etc.) in ihrer Unterschiedlichkeit selbst wertschätzende Anerkennung erfahren.

Die Entwicklung von Identität und Selbstständigkeit der Kinder findet immer in Rückbindung an die vertraute Umgebung und vertraute Erwachsene statt. Die eigene Bezugs-Gruppe, im Wesentlichen die Familie, aber auch die erkannte Zugehörigkeit zu anderen Gruppen, z. B. Geschlecht oder Ethnie[1], gibt Sicherheit und Orientierung. Daher ist auch das Erleben positiver Anerkennung und Wertschätzung der eigenen Bezugsgruppen von wesentlicher Bedeutung. Dabei nehmen Kinder nicht nur die Informationen wahr, die explizit ausgesprochen oder präsent sind, die sie also hören oder sehen. Vielmehr tragen auch die Informationen zur Entwicklung ihres Weltverständnisses bei, die sie nicht sehen, und die trotzdem präsent sind. Wenn im pädagogischen Alltag also nur Informationen aus einer spezifischen Bezugsgruppe (z. B. weiße, deutsche, männliche Spielzeugfiguren, Puppen oder Geschichten) angeboten werden, werden diese als „normal" angenommen. Hiervon Abweichendes stellt das Andere, Fremde, Unterschiedliche dar.

Unterschiede zwischen den Kindern müssen Wertschätzung erfahren.

Und so ist ein wichtiges Thema in der „Vorurteilsbewussten Erziehung" der Umgang mit Unterschieden in der Kindergruppe. Kinder leben in sehr unterschiedlichen Verhältnissen und bringen unterschiedliche Voraussetzungen für die Gestaltung der Lernprozesse mit. Dies betrifft nicht nur Kinder, deren Muttersprache nicht Deutsch ist. Kinder können schüchtern oder aufgeweckt sein, sie können eine Behinderung oder Beeinträchtigung haben. Kinder können unterschiedliche Voraussetzungen aufgrund des sozialen Status der Eltern haben. Kinder entstammen aus Familien mit unterschiedlichen Religionen oder haben eine andere Hautfarbe.

Umgang mit Unterschieden ‚von Anfang an'.

Es gilt die Anerkennung von Gleichheit und Unterschiedlichkeit, von „Vielfalt und Gemeinsamkeit" aktiv pädagogisch zu fördern. Wie aber können diese Unterschiede thematisiert werden ohne auf Stereotypen zurückzugreifen und Kinder zu stigmatisieren, also ihnen eine bestimmte Gruppenzugehörigkeit zuzuweisen?

5.1 Grundlagen „Vorurteilsbewusster Erziehung"

Die Frage, wie Unterschiede angemessen thematisiert werden können, ohne auf unbewusste Vorurteilsstrukturen zurückzugreifen und „Gleichheit und Unterschiedlichkeit" von Kindern aktiv pädagogisch zu fördern, wird systematisch im Rahmen des Ansatzes „Vorurteilsbewusster Erziehung" aufgegriffen. Dieses Konzept wurde im Rahmen des bundesweiten Projekts „Kinderwelten" entwickelt. Grundlage sind der Situationsansatz und der aus den USA stammende Anti-Bias-Ansatz.

Kinder weisen Neugierde, Wissbegierigkeit und Lernbereitschaft auf. *Sie haben eine Offenheit für Neues, Grundvoraussetzung für „Vorurteilsbewusste Erziehung":*

1 *Ethnizität heißt der Definition nach Volkszugehörigkeit. Hier kann der Begriff nur im Sinne der angenommenen oder zugeschriebenen Zugehörigkeit zu einer bestimmten Volksgruppe z. B. im Sinne von ‚türkischstämmig' etc. aufgefasst werden.*

Situationsansatz

Kinder haben unterschiedliche Bedürfnisse, die sie mit in den pädagogischen Alltag bringen. Diese Bedürfnisse ergeben sich aus den unterschiedlichen Voraussetzungen wie soziale Voraussetzungen (z.B. Armut, Arbeitslosigkeit der Eltern), familiäre Voraussetzungen (z.B. Trennung, Scheidung der Eltern), familien- bzw. herkunftskulturelle Hintergründe (z.B. Migrationshintergrund). Kinder sollen nun mit ihren spezifischen Bedürfnissen akzeptiert und bei der Bewältigung ihres Alltags unterstützt werden. Hierzu müssen im pädagogischen Zusammenhang akzeptierende und verlässliche Situationen geschaffen werden. Die Ziele des Situationsansatzes können dahingehend beschrieben werden, dass Kinder mit ihren unterschiedlichen Herkunfts- und Lebensgeschichten befähigt werden sollen, „in Situationen ihres gegenwärtigen und künftigen Lebens möglichst autonom, solidarisch und kompetent zu handeln“ (Böhm, Böhm & Deiss-Niethammer 1999, S. 114f.). Zu den wesentlichen Schritten im Situationsansatz gehören:

- Berücksichtigung und Vergegenwärtigung der konkreten Lebenssituation der Kinder und deren Eltern/Umfeld.
- Sammlung von konkreten Lebenssituationen.
- Analyse der konkreten Lebenssituation und der ihr zugrunde liegenden Hintergründe.
- Planung, Durchführung und Auswertung von Projekten zu den konkreten Lebenssituationen gemeinsam mit Kindern und Eltern.

Anti-Bias-Ansatz

Der Anti-Bias-Ansatz wurde in Kalifornien/USA von Louise Derman-Sparks und Kolleginnen entwickelt. In diesem Ansatz werden alle Formen von Ausgrenzung und Diskriminierung z.B. in Bezug auf soziale, ethnische, kulturelle oder sprachliche Hintergründe, aber auch bezogen auf Alter, Geschlecht, körperliche Bedingungen, sexuelle Orientierung berücksichtigt und der pädagogische Umgang mit diesen Ausgrenzungen thematisiert. Es wird nach den Auswirkungen solcher Ausgrenzungen auf Kinder und deren Eltern gefragt. Hierbei werden Bedingungen, die zu Ausgrenzung und Diskriminierung führen, nicht primär auf individueller Ebene gesehen, z.B. durch Vorurteile die einzelne Personen haben, sondern auf institutioneller Ebene.[1] Beispiele hierfür sind Benachteiligungen durch das Bildungssystem.

Ansatz „Vorurteilsbewusster Erziehung“

Überlegungen aus dem Anti-Bias-Prinzip gegen Ungleichbehandlung und dem Situationsansatz als Prozess der Praxisentwicklung sind nun Grundlage des Ansatzes „Vorurteilsbewusster Erziehung“, wie er im Projekt Kinderwelten umgesetzt wird. Am

1 *Sehr ausführliche Informationen zum Vorurteilsbewussten Ansatz und zum Projekt Kinderwelten finden Sie unter http://www.Kinderwelten.net.*

Projekt „Kinderwelten zur Verbreitung und Weiterentwicklung Vorurteilsbewusster Bildung und Erziehung" beteiligen sich seit 2005 32 Kindertageseinrichtungen unterschiedlicher Kita-Träger bundesweit (vgl. Preissing & Wagner 2003). Im Rahmen des Ansatzes „Vorurteilsbewusster Erziehung" werden vier Ziele formuliert, die das Spannungsfeld von Unterschieden und Gleichheit zum Thema haben.

Die vier Ziele „Vorurteilsbewusster Erziehung"

Ziel 1:
Ich- und Bezugsgruppen-Identität stärken

Jedes Kind muss Anerkennung und Wertschätzung finden als Individuum und als Mitglied einer bestimmten sozialen Gruppe, dazu gehören Selbstvertrauen und ein Wissen um seinen eigenen Hintergrund.

Ziel 1: Kinder müssen in ihrer Ich-Identität und in ihrer Bezugsgruppen-Identität gestärkt werden.

- Da Kinder schon früh Unterschiede wahrnehmen, ist es wichtig, auf die bewertenden Anteile zu achten, die man selbst als Erwachsener in die Unterschiedlichkeiten legt.
- Dies geschieht in der Regel unbewusst, z. B. auch durch das Weglassen von Informationen (z. B. fehlende Hinweise auf bestimmte Gruppen).
- Kinder versuchen aus den vorhandenen (aber auch den fehlenden) Informationen ihre eigenen Rückschlüsse zu ziehen. Sie fragen nach und konstruieren aus den Antworten nach und nach ihre eigene Weltsicht.
- Dort, wo Kinder immer wieder andere Gruppen oder Individuen aber auch sich selbst beziehungsweise ihre Bezugsgruppe als positiv wertgeschätzt erleben, entsteht Sicherheit und die Fähigkeit, Unterschiedlichkeit positiv wahrzunehmen.
- Kinder müssen sowohl als Individuum als auch als Mitglied einer bestimmten Gruppe Anerkennung und Wertschätzung erfahren.
- Hierzu muss auch das Wissen um den eigenen Hintergrund der Kinder gefördert werden.

Beispiel
Ben ist neu in der Kindergruppe aufgenommen worden. Er fühlt sich oft alleine. Die anderen Kinder spielen zwar mit ihm. Aber vieles von dem, was um ihn herum geschieht, ist für ihn fremd. Sie sprechen mit seinen Eltern. Zu Hause beschäftigt sich Ben viel mit dem Spielzeug von seiner Oma aus dem Sudan. Sie bitten Bens Eltern einige Spielsachen und Fotos von der Oma und anderen Familienangehörigen mitzubringen. Sie richten mit Ben zusammen eine Ecke mit seinen Sachen ein. Stolz zeigt er sie den anderen Kindern. Ben ist mit seiner Familienkultur in der Einrichtung repräsentiert. Dies entspricht einem wichtigen didaktischen Prinzip im Ansatz „Vorurteilsbewusster Erziehung", der „Widerspiegelung".

Tipp

- *Versuchen Sie zu erkennen, wo bestimmte Antworten oder Handlungen einseitige Bilder und Zuschreibungen hervorrufen können.*
- *Reflektieren Sie ihre eigene Haltung, aber auch die Gestaltung des pädagogischen Alltags immer wieder systematisch.*

Ziel 2: Es muss allen Kindern ermöglicht werden, Erfahrungen mit Vielfalt zu machen.

Ziel 2:
Vielfalt kennen lernen und Empathie entwickeln

Auf dieser Basis muss Kindern ermöglicht werden, Erfahrungen mit Menschen zu machen, die anders aussehen und sich anders verhalten als sie selbst, so dass sie sich mit ihnen wohl fühlen und Empathie entwickeln können.

- Damit Kinder die Fähigkeit zum Umgang mit Unterschiedlichkeit bzw. Vielfalt erlangen, müssen sie diese auch erleben.
- Deshalb müssen Kinder Erfahrungen mit Menschen machen, die anders sind als sie selbst.
- So lernen Kinder, sich in Menschen hineinzuversetzen, die in ihrem Auftreten, in ihrem Sprechen, Verhalten oder Aussehen anders sind als sie selbst oder die eigene Bezugsgruppe.
- Dabei liegt der Fokus nie auf der Unterschiedlichkeit sondern immer auf den Gemeinsamkeiten.
- Hierzu gehören gemeinsame Freuden, Leiden, Ängste, Wünsche etc.

Beispiel
Ben ist auf einem Foto im Urlaub bei seiner Oma im Sudan zu sehen, sie weint, weil er bald wieder nach Deutschland zurückkehrt. „Meine Oma ist auch immer traurig, wenn ich sonntags wieder nach Hause gehe", sagt Judith. Auf einem weiteren Bild ist zu sehen wie Bens Familie ein Fest feiert. Yildiz sagt: „Guck mal auf meiner Wand ist auch ein Foto von einem Fest, das ist das Sünet von meinem älteren Bruder, da wurde er beschnitten." Auf Khiems Wand ist sie beim Neujahrsfest mit einem Drachen zu sehen. Das didaktische Prinzip bei der Repräsentation von Vielfalt lautet im Ansatz „Vorurteilsbewusster Erziehung" „Von den Gemeinsamkeiten zu den Unterschieden".

Ziel 3: Kinder müssen lernen Ausgrenzungen und Diskriminierungen zu erkennen.

Ziel 3:
Einseitigkeiten thematisieren u. kritisieren

Das kritische Denken von Kindern über Vorurteile, Einseitigkeiten und Diskriminierung anzuregen heißt auch, mit ihnen eine Sprache zu entwickeln, um sich darüber verständigen zu können, was fair und was unfair ist.

Ziel 4:
Diskriminierung aktiv wiedersprechen

Von da aus können Kinder ermutigt werden, sich aktiv und gemeinsam mit anderen gegen einseitige oder diskriminierende Verhaltensweisen zur Wehr zu setzen, die gegen sie selbst oder gegen andere gerichtet sind.

- Dort, wo Menschen anders sind, aber auch wo Kinder sich selbst als anders erleben, kommt es immer wieder zu Zuschreibungen oder Diskriminierungen.

- Dort, wo Ausgrenzungen auftreten, müssen diese erkannt werden, um ihnen aktiv entgegenzutreten.
- Kinder können von Anfang an lernen, Ausgrenzung und Hänseleien nicht hinzunehmen.
- So lernen Kinder dort, wo sie Diskriminierungen und Ungerechtigkeiten begegnen, sich damit auseinanderzusetzen, was gerecht oder ungerecht ist.
- Kinder lernen so nach und nach, sich aktiv gegen Ausgrenzung und Diskriminierungen zur Wehr zu setzen.

Ziel 4: Kinder müssen lernen gegenüber Ausgrenzungen und Diskriminierungen aktiv zu werden und gerechte Regeln auszuhandeln.

Beispiel

Ben und Judith spielen gemeinsam im Sandkasten. Robert will mitspielen. Unabsichtlich zerstört er dabei immer wieder die schon aufgebauten Sandformen. Robert ist feinmotorisch eingeschränkt. Ben und Judith fangen an, Robert auszugrenzen. „Du darfst nicht mitspielen, du machst ja alles kaputt, du bist ja behindert!“ Als Sie dazukommen, weint Robert, Ben und Judith beschweren sich über Robert. Das didaktische Prinzip heißt hier, „nicht moralisieren sondern thematisieren“, nicht die Kinder verurteilen, sondern sachlich darüber sprechen: „Erzählt mir einmal was passiert ist. Warum, glaubt ihr, ist das passiert, was können wir machen, damit alle mitspielen können?“ Gemeinsam mit den Kindern werden Regeln aufgestellt. Robert gräbt jetzt den Wasserkanal, der zu der Sandburg führt.

5.2 Konkrete Schritte zur „Vorurteilsbewussten Erziehung“

Durch welche konkreten Schritte können die Leitziele erreicht werden? Wie können interkulturelle Lernprozesse durch „Vorurteilsbewusste Erziehung“ im pädagogischen Alltag konkretisiert werden? Im folgenden Abschnitt werden Ideen, Aktivitäten, Methoden und Handlungsstrategien vorgestellt, wie diese Ziele verwirklicht werden können.

Hinweise für die Raumgestaltung

Jeder Mensch ist einmalig und unverwechselbar. Der familiäre Hintergrund, eigene Erfahrungen, Aussehen, Fähigkeiten, Religion und viele andere Faktoren führen dazu, dass jedes Kind anders ist als alle anderen. Diese Vielfalt, aber auch die unterschiedlichen Bedürfnisse der Kinder sollten sich in einer Vielfalt der Umgebung widerspiegeln. Dies kann durch eine entsprechende Raumgestaltung geleistet werden. Die Raumgestaltung als Methode vorurteilsbewussten Arbeitens trägt auf verschiedenen Ebenen zur Verwirklichung der angestrebten interkulturellen Lernziele bei:

- Für das Kind, das den Wechsel von zu Hause in die neue fremde Umgebung mit fremden Regeln und eventuell fremder Sprache bewältigen muss, stellt Raumgestaltung, in der das Kind Vertrautes wiedererkennt, eine Brückenfunktion dar.

- Für die Eltern, die bei der Raumgestaltung einzubeziehen sind, bedeutet dies Anerkennung, Wertschätzung und die Möglichkeit sich mit einbringen zu können.
- Für Sie als Erzieherin bietet Raumgestaltung die Möglichkeit, sich mit der Familie und der Familienkultur des Kindes individuell und differenziert auseinanderzusetzen und so unkompliziert den Beziehungsaufbau zu unterstützen.

In der Praxis zeigt sich, dass Kinder die Familienwände in vielen Situationen nutzen.

So wird es gemacht

Utensilien aus verschiedenen Kulturen

- Zunächst ist es hilfreich, schon über einen gewissen ‚Fundus' an Gegenständen zu verfügen, die kulturelle Vielfalt widerspiegeln. Hierdurch wird den Eltern und Kindern deutlich, dass Vielfalt erwünscht und repräsentiert ist:
  - Dies können recht einfache Alltagsgegenstände sein: türkische Teegläser, indische Tücher, arabische Teller o. ä.
  - Achten Sie aber darauf, dass Vielfalt nicht durch gängige Klischeebilder, wie sie auf Urlaubspostern dargestellt sind, vermittelt wird.

Mehrsprachige Aushänge

- Wenn Sie Aushänge mit Informationen in der Einrichtung haben, achten Sie darauf, dass diese in mehreren Sprachen geschrieben sind. Auch wenn Sie nicht alle Sprachen abdecken können, hierdurch drückt sich Wertschätzung und positiver Umgang mit Vielfalt aus.

Spiegel ermöglichen Vielfalt zu sehen.

- Kinder wollen aufgrund ihrer Neugier und Wissbegierigkeit nicht nur Vielfalt erleben, sie wollen sich in dieser Vielfältigkeit auch sehen. Sorgen Sie dafür, dass es große Spiegel in den Spielräumen der Kinder gibt.

Die Herstellung einer Familienwand

- Im nächsten Schritt ist es für die Raumgestaltung wichtig, die individuelle Familienkultur aufzugreifen. Kinder müssen sich und ihre Bezugsgruppen, primär die Familie, mit ihren spezifischen Merkmalen und Besonderheiten, am pädagogischen Arbeits- und Alltagsort (Gruppe, Tagespflegestelle etc.), wiederfinden. So entsteht ein Zugehörigkeitsgefühl zur Einrichtung und ein Gefühl des Anerkannt-Seins. Hierzu können Sie gemeinsam mit Eltern und Kindern Familienwände anfertigen.
  - Bitten Sie die Angehörigen (Eltern) Fotos aus der jeweiligen Familie mitzubringen.

- Hierbei sollen nicht nur „besondere Merkmale“ dargestellt werden, sondern die Fülle alltäglichen Familienlebens. So werden in erster Linie Gemeinsamkeiten deutlich und dann erst Unterschiede.
- Beteiligen Sie Eltern und Kinder bei der Erstellung der Familienwand. Kinder können diese z. B. bemalen. So entsteht Identifikation.
- Fragen Sie nach, in welchen Zusammenhängen die Fotos entstanden sind.
- Plazieren Sie die Familienwände in Augenhöhe der Kinder.
- Kinder sollen durch die Wände sich auch der Vielfalt von Familienformen bewusst werden.
- Nutzen Sie die Familienwände auch für die gezielte Sprachförderung (s. u.). Fragen Sie das Kind, was zu sehen ist.
- Ergänzen Sie nach und nach die Familienwände.

- Eventuell bietet es sich auch an, eine Weltkarte aufzuhängen und die Herkunftsländer der Kinder bzw. der Familien zu markieren.

Die Auswahl der Spielmaterialien

Auch bei der Auswahl von Bildern, Spielmaterialien, Büchern, Verkleidungen etc. können Sie schon darauf achten, dass Vielfalt abgebildet wird und Kinder auf diese Vielfalt hingewiesen werden.

Vielfalt drück sich auch in der Vielfalt von Materialien aus!

So wird es gemacht

- Überprüfen Sie, ob die von Ihnen angebotenen Spielsachen und Alltagsgegenstände geeignet sind, Vielfalt widerzuspiegeln.
- Gibt es Spiele oder Alltagsgegenstände aus anderen Ländern?
- Überprüfen Sie, ob die von Ihnen angebotenen Spielmaterialien (Bücher, Bilder) stereotype Darstellungen enthalten.
- Zum vorurteilsbewussten Umgang mit den Spielmaterialien gehört es auch, die geschlechterspezifischen Entwicklungen zu berücksichtigen:
  - Achten Sie darauf, ob Sie als Erzieherin oder als Erzieher unbewusst geschlechterspezifische Unterschiede voraussetzen.

- ▶ Z. B. könnte es sein, dass Sie Jungen eher technisches Spielzeug anbieten und Mädchen eher Puppen oder Schminksachen.

- Können Kinder mit Behinderung alle Spielmöglichkeiten nutzen?

Geschlechterbewusste Gestaltung

- Damit sich Kinder verkleiden können, ist es gut, unterschiedliche Bekleidungsstücke anzubieten (z. B. Kleider/Röcke nicht nur für Mädchen; Tücher/Bekleidungsstücke aus verschiedenen Ländern etc.)
- Auch die Puppen sollten Vielfalt aufzeigen. Dies betrifft Hautfarbe ebenso wie körperliche Merkmale (Behinderung) oder Geschlecht.
- Puppen, denen ein Arm oder Bein fehlt, müssen nicht gleich weggeworfen werden, auch sie eignen sich, Vielfalt zu symbolisieren.
- Puppen, die Merkmale der einzelnen Kinder einer Gruppe darstellen (Haar-, Haut-, Augenfarbe, Sommersprossen, sonstige körperliche Merkmale, Geschlecht), können auch selber hergestellt werden.
- Gibt es Malstifte in unterschiedlichen Farben, speziell Hautfarben?
- Fordern Sie Kinder auch auf, andere Merkmale zu malen, aber erzwingen Sie es nicht!

Hinweise für eine vorurteilsbewusste Gesprächsführung

Zuerst Gemeinsamkeiten und dann Unterschiede thematisieren.

Sie haben zum Elterngespräch geladen. Yildiz' Eltern sind erschienen. Um einen Einstieg zu finden, reden Sie über das Wetter: „Schönes Wetter heute, fast so heiß wie bei Ihnen zu Hause in ihrer Heimat!" Yildiz' Mutter ist in Deutschland geboren, sie guckt etwas irritiert.

Im Rahmen des hier vorgestellten Ansatzes ist es wichtig, in den Gesprächen mit Eltern und Kindern einige Grundsätze zu beachten. Dies mag im Alltag nicht immer gelingen. Wichtig ist es aber, Gesprächsverläufe immer wieder auf Vorurteilsbewusstheit hin zu reflektieren. Dort wo für Sie der Eindruck entstanden ist, dass in Gesprächen Irritationen entstanden sind, können diese leicht aufgeklärt werden. Das Ansprechen und Nachfragen schafft Vertrauen und vermittelt Interesse und Wertschätzung.

So wird es gemacht

- Ein wesentlicher Grundsatz für die vorurteilsbewusste Erziehung ist es zunächst immer von den Gemeinsamkeiten auszugehen, bevor die Unterschiede thematisiert werden. Gerne Feste zu feiern wäre eine Gemeinsamkeit, von der aus geklärt werden kann, welche Feste gefeiert werden.
  - ▶ Kein Kind sollte dabei als Repräsentant einer Gruppe dargestellt werden („so ist es bei den Türken") sondern immer Wertschätzung seiner Individualität erfahren.
  - ▶ Kinder sollten nicht auf das sie unterscheidende Merkmal reduziert, bzw. damit bloßgestellt werden.

- ▶ So kann das Thema Behinderung über Beispiele aus Kinderbüchern besprochen werden und nicht am Beispiel eines einzelnen Kindes der Gruppe, das eine Behinderung aufweist.

- Ein weiterer Grundsatz ist der, bei der Thematisierung von Gemeinsamkeiten und Unterschieden nicht von bestimmten, festgelegten Normen auszugehen. Diese einseitig festgelegten Normen drücken sich in „man muss“ – Formulierungen aus.
  - ▶ Achten Sie darauf, wann Sie dem Kind (oder den Eltern) gegenüber solche Formulierungen verwenden.
  - ▶ Formulieren Sie in der Ich-Form und zeigen Sie auf, dass Sie auch andere Handlungsmöglichkeiten als normal ansehen.
  - ▶ Hierzu gehören übrigens auch eine Reihe von alltäglichen Normsetzungen, die wir oftmals mit der Formulierung „das macht man so und so“ zum Ausdruck bringen. „Man sitzt am Tisch gerade“, „man redet leise“ usw. beinhaltet immer die Orientierung an einer spezifischen Normalität, die alle anderen Normalitäten ausschließt oder zumindest ausgrenzt.

- Kinder sollten ermutigt werden, ihre Fragen zu stellen (z. B. im Bezug auf Behinderungen), zumal sie oftmals verunsichert oder verängstigt sind, wenn sie zum ersten Mal bestimmte Unterschiedlichkeiten sehen.
  - ▶ Antworten Sie sachlich und informativ, ohne den Themen auszuweichen.
  - ▶ Versuchen Sie altersgemäße Erklärungen für Dinge zu finden, die die Kinder beschäftigen.
  - ▶ Gehen Sie bewusst im Umgang mit Sprache auch in der Verwendung bestimmter Bezeichnungen von Merkmalen wie der Hautfarbe um: „Ja, Jonathan hat eine dunklere Hautfarbe als du, lass uns die Hautfarben doch einmal beschreiben“.

- Bei der Beschreibung von Kindern sollten immer deren Kompetenzen hervorgehoben werden und nicht deren Defizite.

Kompetenzen der Kinder hervorheben nicht Ihre Defizite.

- Kinder können durch ihre Direktheit erschrecken. Auch hier ist es wichtig, ruhig und sachlich zu bleiben.

Umgang mit Fragen zu Geschlechterrollen

Kevin, zwei Jahre alt, schaut aufmerksam zu, wie Vanessa, ein Jahr alt, gewickelt wird. Er spricht bereits recht gut. Er bemerkt einen Unterschied: „Vanessa fehlt da aber was“. „Das sieht ja aus wie bei meiner Mama, nur ohne Haare“. „Bei meinem Papa ist alles normal, wie bei mir“. Sie antworten sachlich und in klaren, einfachen Sätzen: „Du hast recht: Vanessa und deine Mama haben eine Vagina. Sie sind Frauen bzw. Mädchen. Das ist genauso normal wie bei deinem Papa und dir: Ihr habt einen Penis und seid Männer bzw. Jungs.“ Kinder wollen etwas über die Unterschiedlichkeit erfahren. Es ist wichtig, ihnen hierauf Antworten zu geben. Da, wo stereotype Bewertungen auftreten, können diese sachlich korrigiert werden. So fragt Kevin „Und bist Du auch eine Frau, du hast doch kurze Haare?" „Es hängt davon ab, ob man eine Vagina oder einen Penis hat, nicht von den Haaren", antworten Sie.

Im Alter von ca. zwei Jahren beginnen Kinder bewusst Geschlechtsunterschiede wahrzunehmen. Sie stellen diesbezüglich Fragen. Auf der Basis der Antworten, aber auch von dem, was Kinder bei Erwachsenen beobachten können, entwickelt sich ihre Geschlechtsidentität. Gerade weil dies einen wesentlichen Aspekt der allgemeinen Persönlichkeitsentwicklung darstellt, ist ein vorurteilsbewusster Umgang mit Fragen zur Geschlechterrolle wichtig.

So wird es gemacht

- Mädchen und Jungen sollten unterstützt werden, unterschiedliche Rollenmuster auszuprobieren.
- Dort, wo es zu Rollenzuschreibungen kommt („Judith ist doch ein Mädchen, die kann doch nicht Pirat sein"; „Guck mal der Murat geht als Prinzessin, dabei ist er doch ein Junge"), sollten Sie erklärend, nicht moralisierend eingreifen.
- Antworten sie ruhig und sachlich.
- Reflektieren Sie in diesem Zusammenhang Ihre eigenen Rollenvorstellungen.
- Mädchen und Jungen sollten gleichermaßen die Möglichkeiten haben, alle Spielmaterialien zu nutzen (z. B. Jungs spielen mit Puppen, Mädchen mit Autos).

ÜBUNG

Um sich auf konkrete Situationen einstellen zu können, spielen Sie mit Kolleginnen und Kollegen oder als Gedankenexperiment mit anschließender Niederschrift folgende Situationen bzw. folgende Dialoge mit Kindern/Fragen von Kindern durch. Versuchen Sie sachlich, informativ und ohne stereotype Bewertung zu antworten:

1. Ist der Robert behindert?
2. Warum ist Jonathan immer so dreckig?
3. Khiem kann das nicht, sie ist ja ein Mädchen!
4. Iih, das sind ja Mädchenschuhe, die Kevin da anhat.
5. Was ist ein Ausländer? Ist Yildiz auch ein Ausländer?
6. Warum müssen wir im Bus immer leise sein?
7. Überlegen Sie sich weitere Situationen aus der Praxis, in denen es hilfreich ist, vorurteilsbewusst zu kommunizieren.

Rückschlüsse zur Übung

Oftmals sind wir durch das direkte Fragen von Kindern überrascht und irritiert. Die Folge sind stereotype Antwortschemata („so was sagt man nicht"). Um dies zu vermeiden, ist es hilfreich, Antworten auf solche Fragen vorab zu besprechen bzw.

sich darüber auszutauschen. Wie erklärt man Kindern Behinderung? Wie reagiert man auf Äußerungen, in denen Rollenklischees transportiert werden? Wie begründet man eigene Forderungen an die Kinder? Hier ist abermals die Reflektion des eigenen Standpunktes gefragt. Wie stehe ich eigentlich selber zu den entsprechenden Themenstellungen? Nur wenn ich einen eigenen reflektierten Standpunkt habe, kann ich diesen auch sachlich und in einer dem Alter der Kinder angemessenen Art und Weise kommunizieren.

Hinweise für den Umgang mit Konflikten

Gerade Konfliktsituationen sind dadurch, dass sie emotional aufgeladen sind, für Kinder von besonderer Bedeutung. Hier können sie erfahren, was gerecht oder ungerecht ist und wie auf ihre Bedürfnisse (beispielsweise Schutzbedürftigkeit) eingegangen wird. Es ist wichtig sich klarzumachen, dass Kinder in einer Lernphase sind, dies gilt z. B. auch für Normen und Werte, also für das, was wir moralisch bewerten. Kinder in diesem Alter haben hier noch keine Maßstäbe, sie lügen nicht um zu betrügen, sondern weil es oftmals in ihrer Phantasie sich so darstellt, wie sie es gerade erzählen. Sie hauen und beißen nicht aus Boshaftigkeit, sondern weil ihnen in diesem Moment andere Handlungsstrategien fehlen, um ihren Gefühlen Ausdruck zu verleihen. Sie reißen nicht die Blätter vom Strauch, weil sie die Umwelt zerstören wollen, sondern weil sie fasziniert ihre Umwelt kennenlernen. Es ist an uns, Kinder so zu respektieren und dort, wo nötig, Hinweise und Anleitung zu geben.

So wird es gemacht

- Es ist wichtig, von Seiten des Erwachsenen ruhig und sachlich zu bleiben und nicht moralisierend („das war sehr böse„) oder gar beschämend („du solltest dich schämen“) zu argumentieren.
- Wenn Kinder Sie ansprechen, weil sie Hilfe und Unterstützung brauchen, ist es wichtig, ihnen das Gefühl zu vermitteln, dass sie Schutz genießen.
- Schicken Sie Kinder nicht mit dem Hinweis weg, sie würden petzen. Nehmen Sie die Kinder ernst, wenn sie Schutz vor Ausgrenzung brauchen.
- Klären Sie dort, wo es nötig ist, was Sie unter fairem oder unter unfairem Verhalten verstehen.
- Auch Kinder, die sich ausgrenzend verhalten, müssen wertschätzend behandelt werden. Es muss ihnen erklärt werden, was ihr Verhalten für das andere Kind bedeutet. Es darf auf keinen Fall nun umgekehrt eine Ausgrenzung erfahren.
- Denken Sie daran (auch wenn einem dies im Alltag oft entfällt), dass man mit positiver Verstärkung (Lob) eher nachhaltige Lernerfolge von erwünschtem Verhalten erzielt als mit Bestrafung.
- Es ist wichtig, dass die Kinder lernen, über ihre Gefühle zu sprechen und hierfür auch angemessene Worte finden.

- Im Sinne der Stärkung von Ich-Identität ist es aber auch wichtig, dort wo Kinder etwas nicht wollen, nach den Gründen zu fragen. Ebenso ist es wichtig, die Kinder nach ihren Ideen zu den jeweiligen Themen zu befragen.
- Wenn dies Thema ist, können Kinder eigene Beispiele nennen, für das, was sie als fair oder unfair erlebt oder empfunden haben.
- Hier eignet sich methodisch der Einsatz von Persona Dolls.

Arbeiten mit „Persona Dolls"

Eine Methode, um mit Kindern vorurteilsbewusst zu arbeiten, ist der Einsatz von Persona Dolls. Bei den Persona Dolls handelt es sich um Puppen, die man in der Arbeit mit Kindern einsetzen kann, um bestimmte Schwerpunktthemen zu vermitteln. Hierzu kann Verkehrserziehung ebenso gehören wie die Themen Traurigkeit, Ausgrenzung, Ängste oder Gerechtigkeit. So werden Persona Dolls in Kindergruppen oftmals eingesetzt, um Vorurteilsbildung oder negative Gefühle und Einstellungen, z. B. gegenüber Kindern, die anders sind als sie selbst, zu verhindern. Dabei kann man davon ausgehen, dass kleine Kinder oft eine sehr klare Vorstellung davon haben, was sie für gerecht oder ungerecht bzw. was sie für fair oder unfair halten. Hier ansetzend, kann dieses Verständnis mit Persona Dolls weiterentwickelt werden. Auch können durch Persona Dolls Kinder unterstützt werden, wenn sie negative Erfahrungen z. B. mit Ausgrenzung, Beschämung o.ä. erlebt haben. Der Einsatz von Persona Dolls erfordert ein großes Maß an Einfühlungsvermögen seitens der Fachkraft und muss in ein pädagogisches Gesamtkonzept eingebettet sein.

So wird es gemacht

Serap Şıkcan, Projekt Kinderwelten

- Persona Dolls sind Puppen mit Persönlichkeit
  - Sie haben einen Namen und eine eigene Familiengeschichte.
  - Wie die Kinder auch, haben sie bestimmte Vorlieben, sprechen bestimmte Sprachen, haben bestimmte Ängste usw.

- Die Vielfalt der Persönlichkeit der Puppe kann dabei die Vielfalt der Lebenswelt der Kinder ausdrücken.
  - Z. B. kann die Puppe eine Brille tragen, die Oma verstorben sein, der Bruder eine Behinderung haben etc.
  - Hierzu können die Eltern befragt werden, denken Sie an die Verschiedenheit jeder einzelnen Familienkultur.

Die Vielfalt der Persönlichkeit einer Persona Doll spiegelt die Vielfalt der Lebenswelt der Kinder wider.

- Die Persönlichkeit der Puppen muss immer gleichbleibend erzählt werden.
  - Kinder sind hier sehr aufmerksam und hellhörig.
  - Schreiben Sie sich die Merkmale der Puppenpersönlichkeit so, wie Sie sie beschreiben wollen, auf!
- Die Persona Doll kommt regelmäßig „zu Besuch".
  - Sie „berichtet" dabei ihre Erlebnisse und Geschichten, nicht nur die schönen und lustigen.
  - Kinder können sich auch in traurige, bedrückendere Erzählungen hineinversetzen, sie fühlen mit der Persona Doll mit.
  - Dies ist auch die Absicht der Arbeit mit den Persona Dolls.
  - Kinder entwickeln so Einfühlungsvermögen und können bestärkt werden, sich gegen Ungerechtigkeiten auszusprechen oder gegen Ausgrenzung zu wehren.
- Sie können Persona Dolls schon in der Arbeit mit Kindern ab eineinhalb Jahren einsetzen.
- Im Einsatz einer Persona Doll ist es wichtig, dass diese der Erzieherin gehört, nicht den Kindern! (Ob die Kinder mit der Puppe spielen dürfen, bleibt der Erzieherin überlassen)
  - So sitzt die Puppe auf dem Schoß der Erzieherin und spricht selber nicht. Vielmehr spricht die Erzieherin für die Puppe zu den Kindern in der dritten Person.
  - Falls Kinder einmal fragen sollten, warum die Puppe nicht spricht, schlagen die Autoren von Kinderwelten folgende Antwort vor:

> *„Du weißt es und ich weiß es auch, dass Puppen nicht sprechen können. Aber wir können so tun, als ob sie mir etwas sagt" (www.kinderwelten.net/19_persona_doll.pdf).*

- Der „Besuch" der Puppe kann ein oder mehrmals pro Woche erfolgen. Dabei werden Themen angesprochen, die die Kinder gerade beschäftigen.

5.3 Checkliste zum vorurteilsbewussten Arbeiten im Alltag

Anhand der folgenden Checkliste können Sie selber überprüfen, inwieweit ihre Ausstattung „Vorurteilsbewusstes Arbeiten" fördern kann.

Checkliste zur „Vorurteilsbewussten Erziehung“

- Gibt es Fotos von den wichtigsten Bezugspersonen, gibt es Familienwände?
- Sind die Kinder mit Bildern repräsentiert?
- Ist die Herkunftssprache der Kinder (z. B. in Aushängen) repräsentiert?
- Haben Sie die von Ihnen angebotenen Spielmaterialien (Bücher, Bilder) auf stereotype Darstellungen hin überprüft?
- Gibt es unterschiedliche Bekleidungsstücke (z. B. Kleider/Röcke nicht nur für Mädchen; Tücher/Bekleidungsstücke aus verschiedenen Ländern etc.)?
- Spiegelt sich Vielfalt auch bei anderen Spielen oder Alltagsgegenständen wider (z. B. Alltagsgegenstände aus anderen Ländern)?
- Spiegeln die Bilder Vielfalt von Lebensformen wider (unterschiedliche Herkunft, Behinderungen, unterschiedliche Familienstrukturen, unterschiedliche Rollenmuster)?
- Gibt es alte Bekleidungsstücke, die Kinder überziehen können, wenn sie im Sand, Matsch etc. spielen?
- Können Kinder mit Behinderung alle Spielmöglichkeiten nutzen?
- Zeigen die Puppen Vielfalt auf (Hautfarbe, körperliche Merkmale, Geschlecht)?
- Gibt es Malstifte in unterschiedlichen Farben, speziell Hautfarben?
- Werden Kinderlieder in unterschiedlichen Sprachen gesungen?
- Werden Geburtstagslieder in unterschiedlichen Sprachen gesungen?
- Werden diskriminierende Lieder („Zehn kleine Negerlein“) gesungen?
- Unterscheidet sich Ihre Herangehensweise bei unterschiedlichen Kindern? Trauen Sie allen Kindern gleich viel zu? Welchen Kindern trauen Sie weniger zu und warum?

5.4 Exkurs zum Anerkennungsbegriff

In der „Interkulturellen Pädagogik“ geht es wie im Ansatz „Vorurteilsbewusster Erziehung“ um die Prinzipien von Gleichheit und Anerkennung.

Im Ansatz „Vorurteilsbewusster Erziehung“ geht es, wie deutlich gemacht wurde, um die gleichberechtigte Anerkennung von Vielfalt. Dies deckt sich mit den Leitmotiven „Interkultureller Pädagogik“, wie sie Georg Auernheimer (2007, S. 20) beschreibt: Dem Prinzip von Gleichheit und dem Prinzip von Anerkennung. Der Begriff der Anerkennung wird dabei heutzutage gegenüber dem Begriff der Toleranz bevorzugt. So ist die ursprüngliche Bedeutung des Begriffes Toleranz (aus dem lat. tolerare) erdulden oder ertragen. Toleranz wird somit immer von einer privilegierten Mehrheitsgruppe gegenüber einer Minderheitengruppe gewährt bzw. ausgesprochen („wir tolerieren euch“) und kann jederzeit wieder entzogen werden. Anerkennung hingegen macht von der Begrifflichkeit und vom Verständnis her echte Gleichberechtigung im Sinne gegenseitiger Anerkennung deutlich. Der Sozialphilosoph Axel Honneth (1998) hat unter dem Titel „Kampf um Anerkennung“ im Rückgriff auf die frühen Schriften Georg Friedrich Hegels (1770–1831) ein Modell der Anerkennungserfahrung und ergänzend dazu von Missachtungserfahrungen entwickelt. Dieses Modell hat gerade im pädagogischen Kontext starke Beachtung gefunden. Honneth arbeitet drei Ebenen der Anerkennung heraus, die für die individuelle Persönlichkeitsentwicklung von entscheidender Bedeutung sind:

- Anerkennung als Person mit Eigenwert

Hiermit ist Liebe als erste Form von Anerkennung gemeint. Diese erfahren Kinder zunächst in der Primärbeziehungen von ihren Eltern, im späteren Alter z.B. in Zweierbeziehungen, Freundschaften oder ähnlich starken Gefühlsregungen. Die Liebe stellt die erste Form gegenseitiger Anerkennung dar, weil sie „in ihrer Bedürftigkeit von jeweils anderen abhängig“ ist (Honneth, 1996, S. 153). Gegenteilige Missachtungserfahrungen, die zu Störungen der Persönlichkeitsentwicklung führen können, sind die der „Verletzung der leiblichen Integrität“: Vernachlässigung oder Gewalterfahrungen.

- Anerkennung der gleichen Rechte

Das Gefühl Mitglied einer Gruppe, eines Gemeinwesens oder einer Gesellschaft zu sein, entsteht zunächst dann, wenn es innerhalb dieser Gruppe zur (gegenseitigen) Anerkennung gleicher Rechte kommt. Die komplementäre Form der Erniedrigung ist die durch sozialen Ausschluss aus bestimmten Gruppen oder gesellschaftsrelevanten Bereichen. Der soziale Ausschluss führt zu einem Verlust an Selbstachtung, der aus der Erfahrung rührt, sich auf andere Mitmenschen nicht als gleichberechtigter Interaktionspartner beziehen zu können.

- Die Anerkennung der besonderen Fähigkeiten

Um Selbstachtung zu entwickeln, müssen wir schließlich auch die Anerkennung unserer individuellen Fähigkeiten, Lebensweisen, Eigenarten etc. erfahren. „Herabwürdigung von individuellen oder kollektiven Lebensweisen“ zum Beispiel dadurch, dass „einzelne Lebensformen und Überzeugungsweisen als minderwertig oder mangelhaft herabstuft“ werden, nimmt dem Betroffenen die Möglichkeit, eigene „Fähigkeiten einem sozialen Wert beizumessen“ (Honneth 1996, S. 217).

Im Rahmen interkulturellen Arbeitens können Sie durch „Vorurteilsbewusste Erziehung“ wesentlich zur Herstellung von Anerkennungserfahrungen für Kinder aber auch deren Eltern beitragen. Gesellschaftliche Ziele sind die Gleichheit aller, ungeachtet ihrer Herkunft und der Respekt vor Anderem. Für Kinder führt dies zur Förderung stabiler Persönlichkeitsentwicklungen. Für Eltern ist es die Erfahrung von Wertschätzung. Gerade in der frühen Entwicklungsphase bis drei Jahre ist es ja von entscheidender Bedeutung, auf wertschätzende Art mit Eltern zusammenzuarbeiten und deren Ressourcen zu nutzen und ggf. zu erweitern. Dies wird im Kapitel über die Zusammenarbeit mit Eltern systematisch beschrieben und soll nun zunächst auch im Zusammenhang mit der Sprachentwicklung Berücksichtigung finden.

Informationen im www

Umfangreiche Informationen zum ‚Vorurteilsbewussten Ansatz‘ finden Sie unter http://www.kinderwelten.de.

6 Grundlagen der Sprachentwicklung bei Kindern mit Deutsch als Zweitsprache

Während des ersten Gespräches fällt Ihnen auf, dass Yildiz' Mutter mit ihrer Tochter türkisch redet. Sie verstehen nicht, worum es geht. Yildiz' Mutter spricht mit Ihnen Deutsch. Sie hat einen leichten Akzent, einige Artikel benutzt sie falsch. Yildiz selbst reagiert auf Ihre deutsche Ansprache mit einem Lächeln, antwortet aber nicht. Ihrer Mutter antwortet sie auf Türkisch mit Ein-Wort-Sätzen. Wieder tauchen Fragen auf: Wäre es nicht besser, die Mutter würde mit Yildiz auf Deutsch reden? Was erwartet die Mutter wohl von mir bezüglich der Sprache. Kann es zu Problemen, vielleicht zur Überforderung kommen, wenn ich mit Yildiz deutsch rede und die Mutter türkisch?

6 Grundlagen der Sprachentwicklung bei Kindern mit Deutsch als Zweitsprache

„Jeder Mensch bringt eine angeborene Bereitschaft mit, Sprache zu lernen. Sie entwickelt sich jedoch nicht von allein. Das Kind erwirbt sie in der aktiven Auseinandersetzung mit seiner Umwelt. Grundvoraussetzung für den Spracherwerb ist deshalb der Kontakt zu anderen Menschen"(Jampert, Best, Guadatiello, Holler & Zehnbauer 2005, S. 156).

Darum geht es

Um angemessen auf die Sprachentwicklung der Kinder einzugehen, für die Deutsch nicht die Erstsprache ist, ist es zunächst wichtig, über allgemeine Informationen von Sprachlernprozessen zu verfügen. Im vorliegenden Zusammenhang wird auf Sprachentwicklungsprozesse allerdings nur insoweit eingegangen, wie dies zum Verständnis der Grundlagen des Themas „Deutsch als Zweitsprache" notwendig ist. Gerade beim Aufwachsen mit zwei Sprachen kann es zu zeitlichen Verzögerungen kommen, was den flüssigen Sprachgebrauch angeht. Über die Frage, wie sich Kinder die Sprache aneignen und wie entsprechend sprachliche Förderung aussehen muss, gibt es allerdings keine völlig einheitliche Meinung, dies gilt umso mehr für das Thema der Mehrsprachigkeit von Kindern mit Migrationshintergrund (Vgl. hierzu Jampert et. al. 2005).

6.1 Grundlagen des Zweitspracherwerbs

Der Spracherwerb erfolgt generell auf natürliche Art und Weise. Es handelt sich um einen ganzheitlichen Prozess, der mit anderen Faktoren zusammenhängt. Ein wesentlicher Faktor ist die soziale Zuwendung. Sofern Kinder gut hören und ausreichende soziale Zuwendung erhalten, kommt es auf natürliche Art und Weise zur Ausbildung des Sprachapparates, der das Kind im weiteren Verlauf befähigt, die Umgebungssprache adäquat zu erlernen.

Weltweit lebt mindestens die Hälfte aller Menschen zwei- oder mehrsprachig.

Es gibt nun unterschiedliche Möglichkeiten, wie Zwei- oder Mehrsprachigkeit zustande kommt. Auch wenn Zweisprachigkeit oftmals als etwas Besonderes angesehen wird, weltweit lebt mindestens die Hälfte aller Menschen zwei- oder mehrsprachig. Fachlich wird die sogenannte Muttersprache als Erstsprache oder Familiensprache bezeichnet. Aufgrund des unterschiedlichen Grades und der Intensität, mit der Kinder Erst- und Zweitsprache lernen und später beherrschen, spricht man von „zweisprachig aufwachsenden Kindern". Dabei kann man zwei grundsätzliche Möglichkeiten unterscheiden:

- Das Kind lernt von klein auf beide Sprachen. Z. B. redet die Mutter mit dem Kind konsequent türkisch und der Vater deutsch. Das Kind erlernt zwei „Erstsprachen" bzw. hat zwei Familiensprachen. Man spricht dann von einer bilingualen Erziehung oder einem Doppelspracherwerb.
- Das Kind lernt zwei Sprachen nacheinander. Z. B. wird zu Hause konsequent vietnamesisch gesprochen. Das Kind lernt außerhalb des Elternhauses Deutsch

(z. B. in der Kita). In diesem Fall handelt es sich um einen Zweitspracherwerb bzw. um eine „sequentiellen Zweitspracherwerb“.

- Man unterscheidet darüber hinaus zwischen natürlichem Spracherwerb (z. B. Spracherwerb im Elternhaus) und gesteuertem Spracherwerb (z. B. gezieltem Fremdsprachenunterricht).

Unterschiedliche Ansichten gibt es darüber, inwieweit schon früh (und nicht erst im Vor- bzw. Schulalter) systematische Lernangebote gemacht werden sollten. Einigkeit herrscht hingegen darüber, dass ein kompetenter Erstsprachgebrauch eine wichtige Hilfe für den Zweitspracherwerb darstellt.

So hat die Erstsprache für das Kind eine besondere Lernbedeutung: Hier werden die „Wurzeln der kindlichen Sprachentwicklung gelegt“. Gleichzeitig stellt die Erstsprache auf sozial-emotionaler Ebene wichtige Teile des Selbstwertgefühls und Teile der Identität dar und vermittelt Sicherheit und Vertrauen (vgl. Iven 2006, S. 108 f.). Hieraus ergibt sich die Bedeutung für die Wertschätzung der Erstsprache und für die Zusammenarbeit mit den Eltern.

Wichtig ist die Wertschätzung der Herkunftssprache des Kindes.

In Bezug auf die Wertschätzung der Erstsprache ist dabei zu beobachten, dass unterschiedliche Herkunftssprachen der Kinder eine unterschiedliche Wertschätzung genießen. Man spricht von hohem oder niedrigem Sprachprestige. Hat ein Kind z. B. einen englischen oder französischen Sprachhintergrund, wird dieser oftmals eher positiver gewertet als ein türkischer, kurdischer oder arabischer Sprachhintergrund, der oftmals in der Außenwahrnehmung ein geringes Sprachprestige besitzt. Überprüfen Sie im Zuge der Sensibilisierung für die interkulturelle Arbeit Ihre Einstellung zur Herkunftssprache des Kindes.

Ein kompetenter Erstsprachgebrauch stellt eine wichtige Voraussetzung für den Zweitspracherwerb dar. Ermuntern Sie Eltern, in ihrer Herkunftssprache zu reden.

In der Zusammenarbeit mit den Eltern ist es wichtig, diese zu ermuntern und aufzufordern, mit ihren Kindern in ihrer Herkunftssprache zu reden.

Für Erwachsene und für Sie als pädagogische Fachkraft heißt dies, dass Sie als Sprachvorbild, zumindest in den ersten Jahren, in der Sprache mit dem Kind sprechen sollten, die Ihnen selbst am geläufigsten ist.

Sein Sie Sprachvorbild: Sprechen Sie mit dem Kind die Sprache, die Ihnen selbst am geläufigsten ist.

Im Folgenden werden zunächst die Phasen des Zweitspracherwerbs beschrieben und Rückschlüsse für die pädagogische Arbeit gezogen. Schließlich wird auf die Sprachförderung für Kinder mit der Zweitsprache Deutsch eingegangen.

Phasen des Zweitspracherwerbs

Interferenz also Sprachmischung sind anfangs normal und unproblematisch.

- Phase 1: In der ersten Phase benutzen Kinder Wörter aus beiden Sprachen, ohne dass sie diese mit zwei Sprachen assoziieren. So kann es sein, dass das Kind mit türkischem Sprachhintergrund Sie mit Hahla (Tante) oder Amca (gesprochen Amjscha = Onkel) anspricht oder auf ein Spielzeug zeigt mit den Worten araba (Auto) und gleichzeitig das deutsche Wort „spielen“ sagt. Diese Sprachmischung bezeichnet man als Interferenz. Sie gehört in dieser Phase ganz natürlich zum Sprachlernprozess dazu und ist (wie in der Regel auch in späteren Phasen) nicht problematisch. Vielmehr sind Fehler z. B. beim Satzbau ganz typisch und normal für das Lernen einer Zweitsprache. Sprechen Sie weiterhin in Ihrer Sprache mit dem Kind und halten Sie die Eltern dazu an, das Gleiche zu tun, also in der Herkunftssprache mit dem Kind zu sprechen. So hat das Kind Sprachvorbilder, an denen es sich orientieren kann.

Das Prinzip „eine Person – eine Sprache" hat sich bewährt.

- Phase 2: Das Prinzip „eine Person – eine Sprache", also der Grundsatz, nach dem Sie mit dem Kind kontinuierlich deutsch sprechen und die Mutter kontinuierlich die Herkunftssprache, hat sich bewährt. Sollte es in der Praxis einmal Abweichungen geben, (z. B. spricht die Mutter deutsch mit dem Kind und Sie benutzen einige türkische Begriffe, die Sie erlernt haben), dann wird das Kind dennoch nach und nach lernen, die beiden Sprachsysteme auseinander zuhalten. Diese Trennung bezieht sich in der zweiten Phase aber zunächst auf den Wortschatz und noch nicht auf Satzbau und Grammatik, hier gibt es oftmals noch Übertragungen von einer auf die andere Sprache. Wörter, die wenige Informationen enthalten, werden oft noch ausgelassen. Hierzu zählen die Funktionswörter. Weisen Sie das Kind nicht auf den Fehler hin, sondern sprechen Sie den Satz grammatikalisch korrekt nach.

Korrektives Feedback: Weisen Sie das Kind nicht auf den Fehler hin, sondern sprechen Sie den Satz grammatikalisch korrekt nach.

Wenn das Kind mit türkischem Sprachhintergrund sagt „Auto spielen ich will" (im Türkischen „araba (Auto) oynamak (spielen) istiyorum (ich will)" im Türkischen gibt es keinen Artikel!), dann antworten Sie: „Möchtest Du mit dem Auto spielen? Ich will auch mit dem Auto spielen, lass uns zusammen mit dem Auto spielen". Neben der wörtlichen Übersetzung in diesem Beispiel kommt es bei Kindern, die Deutsch als Zweitsprache lernen vor allem dort zu Auslassungen, wo Wörter Schwierigkeiten bereiten und für den Sinnzusammenhang nicht zwingend nötig sind. Hierzu gehören die Pronomen wie „ Ich", die Artikel oder die Hilfsverben z. B. „möchte". Ein Satz könnte dann lauten „Auto spielen" anstelle von „Ich möchte mit dem Auto spielen".

- Phase 3: Vor allem durch Sprachvorbilder und korrektives Feedback erlernt das Kind in der letzten Phase die jeweiligen grammatikalischen Regeln der unterschiedlichen Sprachen und kann diese auseinander halten. Dabei verstehen Kinder, die eine Zweitsprache lernen, diese früher als sie sie sprechen. Bieten Sie dem Kind also Sprache an, ohne das Kind direkt zum Nachsprechen aufzufordern. Das Sprechen erfolgt meist dann, wenn das Kind sich sicher fühlt.

Auch in späteren Phasen gehören Wechsel beim Gebrauch der Sprache (z. B. mitten im Satz) so genannte Sprachmischungen oder Code-Wechsel zur Zweisprachigkeit dazu. Dies sollte nicht als Defizit oder Gefahr für den Sprachentwicklungsprozess verstanden werden, sondern ist eher Zeichen eines kreativen Gebrauchs von Sprache. So entwickeln Kinder, die verschieden kulturell und sprachlich aufwachsen, eigene, neue Sprach- und Kulturprofile. Für jedes Kind gilt: Es entsteht etwas Neues, das wir als Bereicherung auffassen sollten.

Für den Zweitspracherwerb kann zusammenfassend festgehalten werden:

- Kinder haben generell von Geburt an die Fähigkeit, die Sprache zu lernen, ohne dass hier eine spezielle Förderung notwendig wäre.
- Auch das Erlernen einer zweiten Sprache, wenn diese in der Umgebung des Kindes gesprochen wird, ist generell unproblematisch.
- Zweisprachigkeit ist weltweit gesehen eher die Regel als eine Ausnahme.
- Wichtig für den gesamten Entwicklungsprozess ist die soziale Zuwendung.
- Ein guter Erstspracherwerb ist wesentlich für einen guten Zweitspracherwerb.
- Wichtig ist immer, den Erstspracherwerb zu fördern, bzw. die Erst- bzw. Herkunftssprache wertzuschätzen.
- Eltern sollte immer deutlich gemacht werden, dass sie mit ihren Kindern die Sprache sprechen sollten, die sie selbst am besten beherrschen (also die Herkunftssprache der Familien).
- Das Prinzip „Eine Person – Eine Sprache" hat sich in der Praxis bewährt.
- Weisen Sie Kinder nicht auf Fehler hin, sondern sprechen Sie Sätze grammatikalisch korrekt nach.
- Seien Sie generell Sprachvorbild (benutzen Sie z. B. keine grammatikalisch unvollständigen Sätze).

Für jedes Kind gilt: Es entsteht etwas Neues, das wir als Bereicherung auffassen sollten.

6.2 Unterstützung von Sprachlernprozessen

Sprachentwicklung hängt vom gesamten Klima ab das ein Kind umgibt.

Sofern die Bedingungen des Aufwachsens für das Kind ganzheitlichen Anforderungen z. B. im Bezug auf Zuwendung erfüllen, ist der Sprachlernprozess auch hinsichtlich der Zweisprachigkeit in der Regel unproblematisch. Sprachentwicklung hängt also vom gesamten Klima ab, das ein Kind umgibt. Ungünstigere Faktoren, wie das Fehlen von Aufmerksamkeit, Sprechanreizen, aber auch fehlende Kontakte zu anderen Kindern machen sich dann spätestens im Alter von drei Jahren bemerkbar. In diesem Alter setzen auch die meisten Sprachförderprogramme an. Ziel ist in der Regel vor allem die Vorbereitung auf die Schule auch in sprachlicher Hinsicht. Da eine Sprachförderung im Alter von null bis drei Jahren vor allem die Herstellung eines guten emotionalen und geistigen Klimas voraussetzt, und nicht an spezielle systematische Förderprogramme gebunden ist, sollen hier vor allem die Punkte zusammengefasst werden, die der Unterstützung von Sprachlernprozessen in diesem Alter zuträglich sind. Diese Punkte dienen gleichzeitig der Reflexion bzw. Evaluation der eigenen Arbeit im Hinblick auf die Förderung der Sprachentwicklung, wenn Deutsch als Zweitsprache gelernt wird. Einige Anregungen werden darüber hinaus aus Sprachförderprogrammen entnommen, die zwar für Kinder ab drei Jahren konzipiert sind, aber in dieser oder einer abgewandelten Form auch auf unter Dreijährige übertragen werden können. Prüfen Sie in der Praxis, wie Sie die folgenden Anregungen anwenden können.

6.2.1 Prinzipien der Unterstützung von Sprachlernprozessen

Folgende Prinzipien gilt es zunächst zu beachten (vgl. Iven 2006):

- Auch die Zweitsprache sollte wie die Mutersprache auf natürliche Art und Weise gelernt werden.
  - Wenig sinnvoll sind gezielte Vokabel- oder Grammatikübungen.
  - Günstig sind für das jeweilige Alter des Kindes angemessene Sprachangebote.
- Bieten Sie dem Kind ein großes sprachliches Angebot.
  - Sie überfordern das Kind nicht, sondern es wird durch dieses Sprachbad nach einer Weile in der Lage sein, die Grundmuster zu erkennen.
- Benutzen Sie dabei aber dem Entwicklungstand des Kindes angemessen kurze, klare Sätze.
  - Sprechen Sie deutlich und in vollständigen Sätzen.
- Die Sprachangebote sollten immer einen konkreten Bezug zur Erlebniswelt der Kinder aufweisen.
  - Knüpfen Sie das Sprachangebot an bestimmte alltägliche Handlungen (Mittagessen, Schlafen, Zähneputzen, Spielen usw.).
  - Das Kind lernt so zunächst die übergeordneten Grundbedeutungen und merkt sich diese.
  - Ritualisierte Worte (Guten Morgen, Hallo) und solche die Bedürfnisse ausdrücken (Hunger) werden in der Regel zuerst gelernt.
- Wiederholen Sie die Sprachangebote regelmäßig, damit Kinder sich den Zusammenhang zu den Handlungen merken können.

- Ergänzen bzw. erweitern Sie das Sprachangebot durch rhythmische, musische und spielerische Elemente.
  - Auch der Einsatz von Bildern, Geschichten etc. ist in diesem Zusammenhang hilfreich.
- Verknüpfen Sie das Sprachangebot mit angemessener Mimik und Gestik.
  - Denken Sie daran: Sprache lernen ist ein ganzheitlicher Prozess, bei dem alle Sinne angesprochen werden sollten.
- Nutzen Sie auch die Erst- bzw. Familiensprache.
  - Geben Sie dem Kind die Möglichkeit, bestimmte wichtige Gegenstände (z. B. Lieblingsspielzeug), Personen (z. B. Verwandte) in der Erstsprache zu benennen.
  - Nutzen Sie z. B. auch Grußformeln, Zahlen etc. aus der Familiensprache.
  - Für die Schaffung dieser „Familiensprachinseln" können z. B. auch die Eltern miteinbezogen werden.
  - Die „Familiesprachinseln" widersprechen nicht dem Prinzip „eine Person – eine Sprache", sondern schaffen Identifikation und helfen dem Kind, sprachliche Unsicherheiten zu überwinden.
  - Die Wertschätzung der Familiensprache hat in diesem Sinne eine Brückenfunktion.

- Kinder benötigen unterschiedlich lange, bis sie die neue Sprache anwenden und benutzen können.
  - Akzeptieren Sie, dass die Dauer, bis ein Kind auf die Zweitsprache reagiert und sie benutzt, individuell unterschiedlich ist.
  - Erzwingen Sie in Bezug auf den Spracherwerb nichts!
  - Fehler gehören wie beim Erstspracherwerb zum Sprachelernen dazu.
  - Geben Sie dem Kind Anregungen, aber auch die Zeit, die es braucht, um diese Anregungen aufzunehmen und umzusetzen.
  - Ermöglichen Sie dem Kind diese sprachliche Eingewöhnungszeit[1].

Kindern Zeit lassen in der Sprache anzukommen!

6.2.2 Unterstützung von Sprachlernprozessen in Anlehnung an den situationsbezogenen Ansatz

Unter Berücksichtigung der oben angesprochenen generellen Prinzipien, lassen sich nun im Rückgriff auf den im Kapitel „Vorurteilsbewusster Erziehung" beschriebenen Situationsansatz vier generelle Schritte zur Unterstützung von Sprachlernprozessen unterscheiden. Durch diese vier Schritte können Sie als pädagogische Fachkraft die Unterstützung von Sprachlernprozessen ganzheitlich und aus der Kindersituation heraus entwickeln (Vgl. Jampert et al., 2001 S. 219).

Erster Schritt: Beobachtung

Im ersten Schritt, der Beobachtung, geht es darum herauszufinden, welche Situation für die Sprachförderung bzw. die Unterstützung von Sprachlernprozessen geeignet ist.

Erster Schritt: Beobachtung

- Beobachten Sie das Kind, wie Sie deutschsprachige Kinder beobachten:
  - Hat das Kind Angst?
  - In welchen Situationen hat es besondere Angst?
  - Was macht dem Kind Freude?
  - Wann lächelt es?
  - Welche Mimik können Sie noch beobachten?
- Was löst beim Kind Aktivität aus?
- Wie reagiert das Kind auf die Umgebung?
- Wofür interessiert sich das Kind?
- Wie ist die Reaktion auf andere Kinder/Erwachsene/auf mich?

Sie können zur Beobachtung auch individuelle Entwicklungsprofile erstellen. In diesen Entwicklungsprofilen werden vorhandene Sprachkompetenzen und Bereiche mit Entwicklungsbedarf erfasst. Die Entwicklungsprofile helfen Ihnen, gezielter die Bereiche zu erfassen und zu erkennen, in denen das Kind Entwicklungsbedarf hat. Sie helfen Ihnen, Fortschritte und Entwicklungen festzuhalten und schließlich helfen Sie dabei, diese Entwicklungsprozesse mit den Eltern, aber auch im Team, transparent zu machen. Entscheiden Sie, an welcher Stelle Sie es für angemessen halten, ein solches Entwicklungsprofil zu erstellen.

1 *Weitere ausführliche Informationen zum Thema unter: http://www1.dortmund.de/tiny/cl/Sprachfoerderung/von/Kindern/mit/Migrationshintergrund/download.pdf.*

Die Erstellung von Entwicklungsprofilen ist eine wichtige Grundlage für eine gezielte Unterstützung des Sprachlernprozesses.

Beispiel für ein Entwicklungsprofil:

- Alter des Kindes:
- Erstsprache:
- Sprachfreude:
- In welchen Situationen:
- Was kann das Kind schon?
- Was kann das Kind noch nicht?
- Aussprache:
- Wortschatz:
  - Substantive, die das Kind verwendet:
  - Verwendung von Artikeln:
  - Verben: (z. B. Verben werden teilweise falsch eingesetzt, Verben werden eher vermieden)
  - Adjektive:
  - Präpositionen: (z. B. es werden nur wenige Präpositionen benutzt: auf und unter, bei, in fehlen)
  - Satzbau:
- Allgemeine vorläufige Einschätzung:

Zweiter Schritt: Kontakt herstellen.

Zweiter Schritt: Kontakt herstellen

Stellen Sie im zweiten Schritt Kontakt her. Oft sind es einfache äußere Signale, die dabei hilfreich sind. Hierzu gehören ein freundlicher Blick, eine offene Körperhaltung und der Umstand, dem Kind Beachtung zu schenken.

- Achten Sie darauf, nicht auf Kinder „herabzusehen“!
- Gibt es kleine Rituale zur Kontaktaufnahme und Orientierung?

Dritter Schritt: Situationsorientierte Unterstützung des Sprachlernprozesses

Dritter Schritt: Situationsorientierte Unterstützung des Sprachlernprozesses.

Im dritten Schritt der situationsorientierten Unterstützung des Sprachlernprozesses geht es darum, die konkrete Situation des Kindes und der Familie zu berücksichtigen. Die Unterstützung gerade im Alter bis drei Jahren geschieht immer individuell abgestimmt auf das jeweilige Kind.

- Überlegen Sie in diesem Zusammenhang welche grundsätzlichen Aktivitäten Sie als sprachanregend ansehen.
  - Z. B. singen, rhythmisches Klatschen
  - Vorlesen, erzählen
  - Einsatz von Handpuppen

- Wie können Sie dazu beitragen, durch pädagogische Aktivitäten die Familiensprache des Kindes aufzuwerten?
  - Nutzen Sie Musik in der Herkunftssprache.
- Welche sprachanregenden Aktivitäten können von den Eltern aufgegriffen und eingebracht werden?
  - Z. B. zur Verfügung stellen von Musik etc.
- Suchen Sie das Elterngespräch (vgl. Kapitel Zusammenarbeit mit Eltern).
  - Wie könne Sie Eltern auf das Thema Sprachförderung ansprechen?
  - Wie oft tun Sie es?
  - Welche Erwartungshaltungen haben Eltern?
  - Wie verläuft die Sprachaktivität zu Hause?
- Hier einige Orientierungshilfen für das Gespräch mit den Eltern:
  - Klären Sie die wichtige Bedeutung der Erstsprache bzw. der Familiensprache! Diese hat eine wichtige Bedeutung für den Erwerb der Zeitsprache.
  - Ermutigen Sie die Eltern, mit ihrem Kind in der Sprache zu sprechen, die sie selber am besten beherrschen (in der Regel also die Herkunftssprache).
  - Signalisieren Sie den Eltern Wertschätzung gegenüber ihrer Herkunftssprache, vielleicht können Sie sich einige Begriffe des Alltags (Begrüßung, Bejahung/Verneinung etc.) aufschreiben lassen.
  - Ermutigen Sie die Eltern, Deutsch zu lernen, vielleicht gibt es Möglichkeiten dies in der Einrichtung zu tun (Stichwort Elterncafé) oder helfen Sie bei der Suche nach entsprechenden Angeboten (vgl. Kapitel Kooperation).
  - Bei Auffälligkeiten sollten Sie unbedingt die Eltern ermutigen, Fachdienste (z. B. Logopädie) aufzusuchen.

Vierter Schritt: Beobachtung und Dokumentation der Sprachentwicklung

Für eine angemessene Unterstützung des Sprachlernprozesses ist es notwendig, diesen zu dokumentieren. Durch die gezielte Beobachtung und Dokumentation werden die sprachlichen Fortschritte des Kindes deutlich und können den Eltern im Rahmen von Entgesprächen aufgezeigt werden.

Vierter Schritt: Dokumentation.

Sie können Projekte zur Sprachentwicklung wie folgt dokumentieren.

Beispiel für die Dokumentation der Sprachentwicklung

(Vgl. Engin/Walter 2003)

- Thema:
- Zeitraum:
- Lernziel:
- Aktivitäten:
- Sprachliches Verhalten der Kinder während des Projektes:
- Ergebnis:
- Mögliche Anschlussprojekte:
- Hinweise für Kolleginnen:
- Hinweise für Eltern:

6.2.3 Anregung des Sprachvergnügens und der „Lust auf Sprache"

Wie dargestellt wurde, sind Kinder sehr unterschiedlich beim Erlernen der (Zweit-) Sprache. Einige Kinder stellen sofort viele Fragen und reden munter drauf los. Andere Kinder sind ruhiger, sie beobachten und warten ab, bis sie sich sicher fühlen. Dann reden sie auf einmal in ganzen Sätzen. In der Regel beginnt das Sprechen in der neuen Zweitsprache aber ähnlich wie beim Verlauf des Erstspracherwerbs mit dem Gebrauch einzelner Wörter. Hier ist es wichtig, zu ermuntern und die Lust und Freude auf Sprache zu befördern. Einige Ideen hierzu werden im Folgenden beschrieben.

„Lust auf Sprache" entsteht auch durch Beobachtung und sprachliche Zuordnung.

Ein wichtiger Ansatzpunkt zur Förderung der „Lust auf Sprache" (vgl. Ulich, Oberhuemer & Soltendieck 2005) ist es, dass sich Kinder durch Beobachtungen Zusammenhänge von Handlungen, die sie sehen und sprachlichen Zuordnungen, die sie hören, erschließen. Ein Kind erlernt Sprache dann am besten, wenn dem sprachlichen Ausdruck eine Bedeutung zukommt. Dies gilt für wichtige Dinge des täglichen Lebens. So werden Bedürfnisworte (z. B. Hunger) in der Regel zuerst gelernt. In diesem Sinne ist es bei der gezielten Unterstützung des Zweitspracherwerbs hilfreich, Sprechen und Sehen in Verbindung zu setzen.

Dialogorientierte Bilderbuchbetrachtung und interaktives Vorlesen

Zur gezielten Unterstützung des Zweitspracherwerbs im Alter bis drei Jahre bieten sich dialogorientierte Bilderbuchbetrachtung, interaktives Vorlesen und das Erzählen von Bilderbüchern bzw. Erleben lassen von (Bilder-) Geschichten als pädagogisches Angebot mit einzelnen Kindern oder in der Kindergruppe an. Hierzu im Folgenden einige Hinweise.

Unterstützung des Zweitspracherwerbs im Alter bis drei Jahre: Dialogorientierte Bilderbuchbetrachtung, interaktives Vorlesen, Erleben lassen von (Bilder-) Geschichten.

Generell können Sie bei der Vorbereitung von dialogorientierter Bilderbuchbetrachtung und interaktivem Vorlesen nach folgender Struktur vorgehen:

- Vorbereitung auf Inhalt und Ziel
- Vorbereitung des Materials (wie können die Elemente der Geschichte ergänzend visualisiert und „greifbar" gemacht werden?)
- Durchführung
- Weiterführung

Vorbereitung auf Inhalt und Ziel

- Wählen Sie Bilderbücher oder Geschichte z.B. nach den Begriffen aus, die hervorgehoben werden sollen.
  - Knüpfen Sie, wenn möglich, an bereits vorhandenen Wortschatz an, um ihn zu erweitern.
  - Wenn möglich, greifen sie auch Themen aus der Lebenswelt der Kinder auf.

- Achten Sie immer auf das Sprachniveau der Kinder.
  - Durch das freie Erzählen von Bildergeschichten können sie sich besser auf das Sprachniveau der Kinder einlassen.
  - Benutzen Sie einfache Satzstrukturen.

Vorbereitung des Materials

- Bereiten Sie auf die Geschichten vor bzw. binden sie Elemente der Geschichten in den Tagesablauf mit ein.
  - Z.B. können sie morgens schon eine Stoffpuppe o.ä., die einen Bezug zur Geschichte aufweist, mitbringen und vorstellen und so Spannung auf die Geschichte aufbauen.

Durchführung

- Nutzen Sie beim Erzählen (Vorlesen) nonverbale (Mimik und Gestik) und paraverbale (laut- bzw. leise Reden/Stimmhöhenmodulation) Mittel. Hierdurch können Sie zusätzliche Spannung aufbauen und Aufmerksamkeit fördern.
- Achten Sie beim Vorlesen, Erzählen und Betrachten von Bilderbüchern auf die Reaktionen der Kinder und beziehen Sie im Sinne der Dialogorientierung die Kinder mit in die Geschichte ein.
  - Wiederholen Sie Satzteile (z.B. den Satzbeginn) und regen Sie zum Mitsprechen an.
  - Fragen Sie nach oder lassen Sie die Kinder einzelne Elemente benennen.
  - Ermuntern Sie zum Sprechen, aber erwarten Sie keine bestimmte Reaktion: Lassen Sie den Kindern die Zeit, die sie brauchen, um in der Sprache anzukommen (vgl. zum ‚Dialogischen Prinzip‘ auch Boehrer 2004).
- Auch Lieder, Gedichte, Reime u.ä. tragen dazu bei, Kindern „Lust auf Sprache“ altersgerecht zu vermitteln.

Lassen sie den Kindern die Zeit, die sie brauchen, um in der Sprache anzukommen.

Weiterführung

Wiederholen Sie bestimmte Teile oder die ganze Geschichte an einem der nächsten Tage. So kann sich Erlerntes verfestigen.

Gezielte Förderung des Zweitspracherwerbs im Alter bis drei Jahre durch Bilderbuchbetrachtung.

Hinweis: Interkulturelle Lernhilfen/Kniebücher

Für das Anknüpfen an die Lebenswelt der Kinder bietet das Anne-Frank-Zentrum im Rahmen sogenannter „Interkultureller Lernhilfen" ein Lernpaket mit sogenannten Kniebüchern an. Im Mittelpunkt stehen die Geschichten von zwölf Kindern aus unterschiedlichen Ländern. Aus deren Alltag werden Geschichten in großformatigen Foto-Text-Büchern (Kniebücher) vorgestellt. Im Sinne des Ansatzes „Vorurteilsbewusster Erziehung" werden Kinder hierdurch eingeladen, Gemeinsamkeiten und Unterschiedlichkeiten zu suchen. Es handelt sich dabei zwar um ein Angebot für Kinder ab drei Jahren, ist aber durchaus auch für jüngere Kinder geeignet. Außerdem bietet es weiterreichende Ideen für die Arbeit im Hinblick auf Sprachförderung an. So enthalten die „Interkulturellen Lernhilfen" auch didaktische Hinweise und ein Puppenspielbuch[1].

Insgesamt ist die Veranschaulichung durch Bilderbücher wichtig und hilfreich. Um Kindern aber auch zu ermöglichen ihrer Phantasie freien Lauf zu lassen, kann es manchmal auch sinnvoll sein, sich auf das Erzählen zu beschränken (vgl. hierzu auch Ulich, Oberhuemer & Soltendieck 2005).

6.2.4 Reflexion der eigenen, pädagogischen Rolle beim Sprachlernprozess

Überprüfen Sie sich als Sprachvorbild:
Wie spreche ich?
Was spreche ich?
Wann spreche ich?
Worüber spreche ich?

- Kinder brauchen (Sprach-)Vorbilder: Überprüfen Sie bei sich selbst, wie Sie Ihrer Rolle als Sprachvorbild gerecht werden.
  - Spreche ich klar und deutlich?
  - Ist meine Sprache für das Kind verständlich, sind meine Sätze kurz und vollständig?
  - Wann spreche ich mit dem Kind, nutze ich Alltagsituationen?
  - Schaffe ich Sprechanlässe, ritualisierte Sprechsituationen?
  - Nutze ich rhythmische Spiele, Gesang o. ä. für die Sprachförderung?
- Fragen Sie sich, wie Sie auf das Kind und auf sprachliche Äußerungen des Kindes reagieren.
  - Wie ist meine Beziehung zum Kind? Nehme ich es freundlich und offen auf, gibt es einen „öffnenden Kontakt"?
  - Zeige ich Interesse an den Äußerungen?
  - Höre ich zu?
- Fragen Sie sich, wie Sie auf Fehler reagieren.
  - Achte ich darauf, dass das Verbessern von Fehlern zur Hemmung der Sprachmotivation führen kann?
  - Wiederhole ich die Äußerung in korrekter Weise und erweitere ich den Satz?
  - Achte ich auf den Inhalt der Äußerung, auch wenn die Form Fehler aufweist?
- Überprüfen Sie, welche Bedeutung die Familiensprache im pädagogischem Angebot einnimmt:
  - Gibt es fremdsprachige Materialien (z. B. Tonkassetten)?
  - Werden die Eltern in das Angebot einbezogen (z. B. Feste feiern etc.)?
  - Gibt es mehrsprachige Informationen für die Eltern/Verwandten des Kindes?
  - Erlebt das Kind die Wertschätzung seiner Herkunftssprache?

1 *Weitere Informationen finden Sie unter http://www.annefrank.de.*

- Sprachelernen ist ein ganzheitlicher Prozess. Überprüfen Sie, ob alle Sinne des Kindes angesprochen werden (tasten, sehen, hören, schmecken, riechen).

Rückschlüsse

Man weiß heute, dass der frühe sequenzielle Zweitspracherwerb, dass heißt das frühe „Eintauchen" in eine von der Familiensprache unterschiedliche Umgebungssprache, in der Regel problemlos verläuft, Kinder also problemlos beide Sprachen erwerben können (vgl. Iven 2006). Allerdings ist es hierfür notwendig, Grundlagen des Zweitspracherwerbs zu kennen und wesentliche Aspekte in die pädagogische Arbeit mit Kindern nicht-deutscher Herkunftssprache zu integrieren. Hierzu gehören ganz wesentlich die Rolle als Sprachvorbild, der Beziehungsaufbau, der Umgang mit Fehlern (keine Korrektur sondern korrektes Wiederholen des Satzes/„korrektives Feedback"), Wertschätzung der Herkunftssprache, die Ganzheitlichkeit der Förderung. Diese Grundsätze im pädagogischen Alltag immer wieder bewusst zu überprüfen, schafft Sicherheit für Sie als Fachkraft und für das Kind.

6.3 Weitere Materialien zur Unterstützung mehrsprachig aufwachsender Kinder und ihrer Eltern

Es gibt eine Reihe von Materialien, die gerade für die Arbeit mit Kindern bis drei Jahren und deren Eltern hilfreich seien können. Insbesondere sind hier mehrsprachige Elternbriefe und Brückenkarten zu nennen. Diese Materialien sollen hier kurz vorgestellt werden.

Mehrsprachige Elternbriefe

Mehrsprachige Elternbriefe werden u.a. vom Arbeitskreis Neue Erziehung zu unterschiedlichen Themen angeboten.

Canan hat sich schon immer gerne mitgeteilt – brabbelnd, wenn sie gut gelaunt ist, bei schlechter Laune weinend. Besonders viel Spaß macht es ihr, wenn Oktay oder ich mitbrabbeln. Mit dem zehnten Monat fing sie an, Doppelsilben, wie „mamama", „dadada" auszuprobieren. Als sie zum ersten Mal „bababa" sagte, war Oktay selig. In der Zeit bemerkten wir auch, dass Canan uns immer besser verstand, und ihr Wortschatz wuchs um weitere schön klingende Wörter wie „atta" oder „hoppa". Sicherlich hat es ihr geholfen, dass ihre Großmutter, als sie bei uns war, wie mit einer Erwachsenen zu ihr sprach[1].

Weitere Elternbriefe zum Thema Mehrsprachigkeit und in unterschiedlichen Sprachen gibt es beim Institut für frühkindliche Bildung[2].

1 *Auszug aus dem Elternbrief „Canans Zunge löst sich". Download und weitere Informationen unter http://www.ane.de.*
2 *Ausführliche Informationen unter http://www.ifp.bayern.de.*

Brückensätze für die Eingewöhnung

Tipp

Nutzen Sie für die Eingewöhnung Brückensätze aus dem Sprachförderkoffer von Engin/ Walter (s. Anhang).

Im Förderprogramm „Sprachförderkoffer" von Engin & Walter (2003) gibt es ein zusätzliches Angebot für die erste Phase der Eingewöhnung, wenn sie unter der Voraussetzung der nichtdeutschen Herkunftssprachen stattfindet. So kann es von besonderer Bedeutung sein, wenn Sie als pädagogische Fachkraft in der Lage sind, einige einfache, aber wichtige Sätze in der Familiensprache mit dem Kind zu sprechen. Daher dienen diese Sätze vor allem zur ersten Überbrückung und um den ersten Beziehungsaufbau zu unterstützen. Sie stellen also keinen Gegensatz zum bisher Gesagten bzw. zum bisher vermittelten Ansatz (Eine Person – Eine Sprache) dar.

Im Sprachförderkoffer werden die folgenden zehn „Brückensätze" in zehn wichtigen Sprachen[1] übersetzt angeboten. Möglich wäre es, auch andere Sätze oder andere Sprachen vorab durch Dolmetscher in Migrantenvereinen übersetzten zu lassen (vgl. Kooperationspartner). Die zehn Sätze des Sprachförderkoffers wurden uns für vorliegende Veröffentlichung freundlicherweise zur Verfügung gestellt.

1. Ich heiße … . Wie heißt du?
2. Guten Tag. Guten Morgen.
3. Auf Wiedersehen. Bis Morgen.
4. Deine Mutter kommt bald, um dich abzuholen.
5. Was hast du? Was ist los? Warum weinst du?
6. Musst du auf die Toilette?
7. Möchtest du mitspielen?
8. Kann ich dir helfen?
9. Zeig mir bitte, was du möchtest.
10. Kannst du das bitte auf Deutsch (in meiner Sprache) sagen, ich verstehe dich sonst nicht.

Bezüglich der Aussprache ist es sicherlich hilfreich die Eltern zu befragen. So wird gleichzeitig Wertschätzung und Interesse gegenüber der Herkunftssprache signalisiert und die Eltern in die pädagogische Arbeit miteinbezogen.

Eltern einbeziehen

Gerade weil die Eltern zentrale Sprachvorbilder für die Kinder sind, durch die sie sprechen lernen und sich diese Bedeutung auch im Verlauf des Heranwachsens nicht ändert, ist es unter dem Aspekt des Zweitspracherwerbs von besonderer Bedeutung, intensiv mit den Eltern zusammenzuarbeiten, was von Anfang an geschehen sollte. Methoden hierfür werden im folgenden Kapitel vorgestellt.

Informationen im www

Weitere Informationen zum Thema Sprachförderung bei Mehrsprachigkeit finden Sie unter http://www.ifb.bayern.de und unter http://www1.dortmund.de/tiny/cl/Sprachfoerderung/von/Kindern/mit/Migrationshintergrund/download.pdf.

1 *Arabisch, Französisch, Griechisch, Italienisch, Kroatisch, Kurdisch, Polnisch, Russisch, Serbisch, Türkisch. (Englisch wurde ausgelassen, da viele Erzieherinnen diese Sprache ausreichend beherrschen.)*

7 Interkulturelle Zusammenarbeit mit Eltern

Yildiz ist nun eine Weile bei Ihnen in der Kindertageseinrichtung. Sie halten es aber für wichtig über die „Tür-und-Angel-Gespräche“ hinaus die Eltern noch stärker in die pädagogische Arbeit einzubeziehen. Hierbei wäre es auch wichtig, mehr Kontakt mit dem Vater aufzunehmen. Sie haben auch das Gefühl, dass es einige Unklarheiten und Missverständnisse gibt. Wie können Sie die Zusammenarbeit intensivieren? Was wäre wichtig zu berücksichtigen, wie können sie sich angemessen vorbereiten?

7 Interkulturelle Zusammenarbeit mit Eltern

Darum geht es

Gerade die Arbeit mit Kindern bis drei Jahren erfordert eine gute, intensive Zusammenarbeit mit deren Eltern. Dies gilt natürlich auch im interkulturellen Kontext. So kann z.B. im Rückgriff auf das vorherige Kapitel *„gute Elternarbeit entscheidend dazu beitragen ..., die institutionellen Sprachfördereffekte zu intensivieren"* (Fried & Roux 2006, S. 179). In diesem Sinne setzt die Unterstützung beim Sprachlernprozess neben dem Grundlagenwissen des Spracherwerbs, der damit verbundene Rolle als Sprachvorbild und der Schaffung von Sprachanreizen auch ganz wesentlich eine gute Zusammenarbeit mit den Eltern und die Reflexion der eigenen interkulturellen Herangehensweise voraus. Ausgangpunkt hierfür ist die Anerkennung von Vielfalt und ein wertschätzender und sensibler Umgang mit Anderssein. Unter diesen Prämissen werden im Folgenden Möglichkeiten und Methoden zur Zusammenarbeit mit Eltern im interkulturellen Zusammenhang vorgestellt.

7.1 Schritte zur konstruktiven Zusammenarbeit mit Eltern

Vorab ist es wichtig, Informationen über die konkrete Familie mit ihrer jeweils eigenen spezifischen Herkunftskultur zu erhalten.

Unter interkultureller Zusammenarbeit mit Eltern wird hier die Zusammenarbeit mit Migrantenfamilien verstanden. Es reicht dabei nicht, generelle Informationen z.B. über die Erziehungsvorstellungen in der Türkei, im Islam etc. als generelle Handreichung mit allgemeinen Regeln zu haben. Durch allgemeine Informationen über „den Islam" weiß man nicht, welche konkreten Erziehungsvorstellungen von der jeweiligen Familie praktiziert werden. Wie im Eingangskapitel dargestellt wurde, handelt es sich bei den Migranteneltern nicht um eine homogene Gruppe. Vielmehr kann es sich um Familien aus unterschiedlichen Generationen ehemaliger Gastarbeiter handeln. Die Familien können aus unterschiedlichen Herkunftsländer (Türkei, Griechenland, Portugal ...) stammen. Es kann sich auch um (Spät-)Aussiedler, Flüchtlingsfamilien oder Asylbewerber handeln. Diese können z.B. in ihren Herkunftsländern unterschiedlichen Berufen nachgegangen sein, aber auch Traumatisierung durch Kriegserfahrungen erlitten haben. Auch können verschiedene sprachliche Hintergründe (z.B. bilingual) oder religiöse Hintergründe vorliegen. Hinzu kommt die rechtliche Situation (Aufenthaltsstatus, ausländische Staatsangehörigkeit, haben die Kinder nach dem neuen Staatsangehörigkeitsrecht von 2000 die deutsche Staatsangehörigkeit usw.). Des Weiteren hat jede Familie ihre eigenen familienkulturellen Normen, Werte und Erziehungsvorstellungen. Es ist also erst einmal wichtig, Informationen über die konkrete Familie mit ihrer jeweils eigenen spezifischen Herkunftskultur zu erhalten. Hierzu können Sie zunächst eine Situationsanalyse erstellen.

Bei Migranteneltern handelt es sich nicht um eine homogene Gruppe.

Erstellen einer Situationsanalyse

Für die Zusammenarbeit mit Eltern im interkulturellen Kontext (wie auch die Zusammenarbeit mit Eltern generell) ist eine gute Vorbereitung unerlässlich.

Erstellen Sie deshalb, bevor Sie mit den Eltern das erste Gespräch führen, eine Situationsanalyse. Sammeln sie dazu alle Informationen, die Sie bereits über die Familie haben. Überlegen sie, welche Informationen Sie noch brauchen und was darüber hinaus für die konkrete pädagogische Arbeit von Bedeutung sein könnte.

So wird es gemacht

Erstellen Sie eine Situationsanalyse

Notieren Sie sich Informationen zu folgenden Fragen (vgl. Landeszentrum für Zuwanderung Nordrhein-Westfalen 2004; Ulich, Oberhuemer & Soltendieck 2001):

- Wo kommt die Familie her?
  - Land, Sprachgruppe, welche Region des Landes?
  - Was weiß ich über das Land?
- Was weiß ich von der Familie?
  - z. B. Beruf, Arbeitslosigkeit, Geschwister, sonstige enge Familienangehörige
  - Religion
  - Was weiß ich über die Religion?
- In welchem sozialen Umfeld lebt die Familie?
  - Stadtteil, Wohnverhältnisse, Spielplätze, Angebote für Familien, Geschäfte
  - Was weiß ich über den Stadtteil?
  - Welche Kontakte gibt es?
- Was sind meine pädagogische Ziele
  - Leitbild, Werteorientierung (greifen sie hier auf die vorbereitenden Übungen und Anregungen aus den ersten Kapiteln zurück).

Informationen über die Familiengeschichte

Um nähere Informationen über die Familiengeschichte des Kindes zu erlangen, bietet sich auch eine Befragung mithilfe eines Fragebogens an. Der folgende Fragebogen ist dem Projekt Kinderwelten[1] entnommen. Ähnliche Befragungen wurden aber bereits auch zur Reflexion des eigenkulturellen Hintergrundes vorgeschlagen. Wählen Sie die für Sie angemessenen Fragen aus oder ergänzen Sie den Fragebogen entsprechend. Sie erhalten durch die Befragung Informationen und signalisieren gleichzeitig Wertschätzung gegenüber der Familienkultur. Auch bietet die Befragung einen guten Einstieg zur Zusammenarbeit mit den Eltern.

Fragebogen zur Familiengeschichte

Liebe Eltern!
Wir wollen ein Projekt zu „Familiengeschichte(n)“ durchführen. Wir würden uns deshalb freuen, wenn Sie für ihr Kind folgende Fragen beantworten. Vielen Dank!

1 *Projekt KINDERWELTEN: http://www.kinderwelten.net 25.*

Ich bin in ... (Ort, Land) geboren.

Meine Mutter heißt ... Sie ist am ... (Geburtsdatum) in ... (Ort, Land) geboren.

Mein Vater heißt ... Er ist am ... (Geburtsdatum) in ... (Ort, Land) geboren.

Die Eltern meiner Mutter lebten oder leben in ... (Ort, Land). Sie sind in ... und ... geboren (Geburtsort und Land von Großvater und Großmutter mütterlicherseits).

Die Eltern meines Vaters lebten oder leben in ... (Ort, Land). Sie sind in ... und ... geboren. (Geburtsort und Land von Großvater und Großmutter väterlicherseits).

Sind meine Großeltern oder Urgroßeltern aus einem anderen Land gekommen? Wer genau? Aus welchem Land?

Was ist das kulturelle/ethnische Erbe unserer Familie?

Hat unsere Familie spezielle Gebräuche oder Traditionen? Welche sind das?

Erzähle eine Geschichte von jemandem aus unserer Verwandtschaft, der oder die wichtig ist für unsere Familie.

Das „Erste Gespräch"

Es ist so weit: Sie sprechen das „erste Mal" mit den Eltern. Diese persönliche Ansprache ist notwendig um Informationen darüber zu bekommen, was die Eltern für ihr Kind wollen, wie sie es selbst erziehen. Bei diesem ersten Gespräch ist natürlich sehr viel Einfühlungsvermögen notwendig. Die Eltern dürfen nicht das Gefühl bekommen, ausgefragt oder verhört zu werden. So kann es ja sein, dass die Eltern z. B. Fluchterfahrungen haben, oder das Erziehungs- und Bildungssystem im Herkunftsland völlig anders strukturiert ist und Eltern dadurch zurückhaltender reagieren. Mit solchen Verhaltensäußerungen gilt es respektvoll und wertschätzend umzugehen.

Tipp

Denken Sie daran, dass durch Nachfragen und durch das Offenlegen der eigenen Gedanken, Vorstellungen usw. Fragen geklärt und Probleme gelöst werden können. Dabei muss unser Gegenüber aber immer auch die Möglichkeit haben, den Grad der Klarheit selbst mitzubestimmen!

So wird es gemacht

- Stellen Sie ein angenehmes Gesprächsklima her.
  - Hierzu könnten Kekse, Obstschalen, Tee oder andere Getränke gehören.
  - Gänzlich unproduktiv hingegen ist das Auftürmen von Aktenbergen. Gerade die möglicherweise negativen Erfahrungen mit Behörden (z.B. Ausländerbehörden) können hier schnell zu einer Abwehrhaltung seitens der Eltern führen, da sie die Situation und die von Ihnen angestrebten pädagogischen Hintergründe des Gesprächs möglicherweise nicht einschätzen können.

- Nehmen Sie sich Zeit für das erste Gespräch!

Fragen für das „Erste Gespräch"
(Vgl. Ulich, Oberhuemer & Soltendieck, 2005)

Für das Gespräch könnten Sie sich an folgenden Fragen orientieren, wählen Sie dabei die für Sie geeigneten aus:

- Wie lange wohnen Sie in Deutschland?
- Wie lange wohnen Sie in diesem Stadtteil?
- Wie ist Ihr rechtlicher Status?
- Welches waren die Gründe für die Auswanderung?
- Welche Religionszugehörigkeit haben Sie?
- Welche Rituale werden von Ihnen gepflegt, welche Feste feiern Sie?
- Welche Erwartungen haben Sie an die pädagogische Arbeit, an die Arbeit der Einrichtung/des Trägers?
- Was ist Ihnen in Bezug auf Herkunftskultur und Religion für die Erziehung des Kindes wichtig?
- Welche wichtigen Regeln gibt es, die beachtet werden müssen (z. B. Schweinefleischverbot für Muslime)?
- Wo genau kommen Sie her (Stadt, Region)?
- Welche Sprache sprechen Sie zuhause und mit dem Kind?
- Wird neben der Familiensprache auch deutsch gesprochen?
- An welchen Angeboten würden Sie gerne teilnehmen?
- Welche Zeiten sind für Sie günstig um an Angeboten teilzunehmen?
- Wer erzieht das Kind zuhause (z. B. Großeltern, Geschwister)?
- Gibt es Themen, über die Sie mit der Erzieherin sprechen möchten?

Anlegen einer Familienkartei

Auf der Basis der bisher erlangten Informationen können Sie eine Familienkartei anlegen, die Sie bei Bedarf immer wieder ergänzen können. Möglicherweise sind die Informationen, die Sie erhalten, völlig anders als die Erwartungen, die Sie hatten, möglicherweise ergeben sich neue Fragen. Notieren Sie sich diese, denn sie können die Sammlung von Problemstellungen betreffen (z. B. Sprachprobleme, Fragen zur Erziehung in religiöser oder weltanschaulicher Hinsicht). Ebenso können hier allgemeine Hintergrundinformationen zu dem Herkunftsland und den Gebräuchen gesammelt werden.

Legen Sie eine Familienkartei an, in der Sie alle wichtigen Informationen sammeln.

Überlegen Sie auch, was Ihnen noch an Hintergrundwissen fehlt. Wo brauchen Sie möglicherweise Kontakte, Fortbildungen? Mit wem können Sie diese Fragen gezielt erörtern (z. B. im Team, mit Kooperationspartner)? Gerade im Austausch mit dem Team können unterschiedliche Meinungen, Informationen, Wissensstände ergänzend zusammengetragen werden.

Informationen, die für die Eltern wichtig sind

Sie haben während des Gespräches mit den Eltern umfangreiche Informationen erhalten, mit denen Sie in die weitere Planung der pädagogischen Arbeit gehen können. Umgekehrt ist es auch für die Eltern wichtig, einige Informationen zu erhalten. So kann es für die Migranteneltern eine besonders schwierige oder belastende Situation sein, das Kind das erste Mal in „andere Hände“ zu geben, zumal hiermit auch der Wechsel in eine andere Sprache und eine andere Kultur verbunden sein kann.

So wird es gemacht

- Erleichtern Sie den Eltern den „ersten Schritt“:
  - Ermuntern Sie die Eltern durch Freundlichkeit, Offenheit und Aufgeschlossenheit ihrerseits Fragen zu stellen.
  - Machen Sie Ihre Bereitschaft deutlich auf spezifische Regeln (z. B. Schweinefleischverbot) einzugehen.
  - Teilen Sie mit, dass Sie (so fern dies der Fall ist) über bestimmte Sitten und Gebräuche bereits Informationen haben.

Bisher wurde im Wesentlichen von der verbalen Form der Informationsweitergabe also dem persönlichen Gespräch mit den Migranteneltern ausgegangen. Bei geringen Deutschkenntnissen der Eltern können wichtige Informationen nicht über Gespräche weitergegeben werden.

Fotos, auf denen Kinder bei Aktivitäten abgebildet sind, vermitteln den Eltern auch visuell einen Eindruck von der pädagogischen Arbeit.

- So ist es eine große Hilfe für die Eltern, wenn sie alles Wesentliche in ihre Familiensprache übersetzt schriftlich in einem Informationsblatt erhalten.
- Neben dem schriftlichen Informationsblatt wäre auch ein Rundgang durch die Räumlichkeiten der Einrichtung wichtig, sodass sich Eltern selbst ein Bild machen können.
- Gut hierbei sind z. B. Fotos, auf denen Kinder bei Aktivitäten abgebildet sind.
- Der erste Eindruck ist von großer Bedeutung, daher sollte schon der Eingangsbereich freundlich und einladend gestaltet werden.
- Auch hier sind Begrüßungsformeln aber auch Informationen in der Familiensprache ein Signal der Offenheit gegenüber anderen Kulturen. Gleiches gilt für Gegenstände aus den jeweiligen Länder, Zeitschriften oder Kinderbücher in verschiedenen Landessprachen.
- Die Visualisierung von Information (der Einsatz von Fotos, Dias, Zeichnungen oder Filmen aus der pädagogischen Arbeit) vermittelt darüber hinaus einen guten Einblick in die pädagogische Arbeit.

Durch all Ihre Bemühungen werden die Eltern angenehm und positiv überrascht sein und sich gut empfangen fühlen. Nun fällt es den Eltern leichter, ihren wichtigsten Schatz in Ihre Hände zu legen!

Der weitere Kontakt

Natürlich sollte nicht das gesamte Spektrum des Informationsaustausches und Kennenlernens in das erste Anmelde- oder Aufnahmegespräch gelegt werden. Neben den „Tür-und-Angel-Gesprächen", die auch mit anderen Angehörigen (Oma, Tante etc.) geführte werden sollten, bieten sich gerade am Anfang Kennenlern-Nachmittage an. Auch hier gelten die oben beschriebenen Regeln. Dort, wo sprachlich-verbale Mittel aufgrund mangelnder Deutschkenntnisse eingeschränkt sind, kann durch entsprechende nonverbale Signale (aufgeschlossene Mimik, einladende Gestik) und entsprechende Handlungen (Anbieten von Getränken, Einsatz von Medien: z. B. Videoaufnahmen von der Arbeit mit dem Kind) vieles ausgeglichen werden. Auch können die Eltern dadurch noch stärker mit einbezogen werden, indem sie gebeten werden, etwas aus ihrem Alltag, ihrer Familie- oder Landeskultur mitzubringen. Dies kann Musik, Bilder, etwas zu Essen sein. Hierdurch entsteht eine aufgeschlossene Atmosphäre, die dazu führen kann, dass Eltern über sich und ihre Alltagskultur sprechen und sich austauschen. Sinnvoll sind auch regelmäßige Themenabende, z. B. zum Thema Sprachförderung bzw. Zweitspracherwerb.

Der Einsatz von Dolmetschern

Eine Voraussetzung, dass Sie sich mit den Eltern verständigen können ist, dass diese über ausreichende Deutschkenntnisse verfügen. Falls nicht, muss für kompetente Übersetzung gesorgt werden.

Der Einsatz von professionellen Dolmetschern kann recht kostspielig sein. Aus diesem Grund ist es manchmal sinnvoll, wenn andere Personen die Aufgabe der Übersetzung übernehmen. Ideal wäre natürlich eine Kollegin oder ein Kollege aus dem Team. In diesem Falle sollte die entsprechende Kollegin bzw. der Kollege von anderen Aufgaben entlastet werden. Auch sollten die Aufgaben und die Rolle geklärt werden. Was soll wann übersetzt werden. Trennen Sie klar die Rolle der Übersetzerin und die Rolle der Pädagogin, die Informationen vermitteln will. Klären Sie vorab, dass Übersetzen nicht interpretieren heißt!

Übersetzen heißt nicht interpretieren!

Sie können auch die Eltern fragen, ob sie einen Dolmetscher, möglicherweise eine Person aus dem Bekanntenkreis, mitbringen können. Hingegen ist es nicht günstig, Kinder, z. B. ältere Geschwister, als Übersetzer heranzuziehen. Hierdurch können für die Kinder unangenehme und überfordernde Situationen entstehen, vor denen wir diese Kinder schützen sollten.

Die Kinder sollten nach Möglichkeit nicht als Übersetzer herangezogen werden.

Eine weitere Möglichkeit ist es, sich Unterstützung über Kooperationspartner (z. B. Migrantenselbsthilfeorganisationen) zu holen. Hinweise und Adressen finden sie im Anhang.

7.2 Reflexion/Einschätzung der bisher geleisteten Zusammenarbeit mit Eltern

Migranteneltern dürfen nicht als eine einheitliche Gruppe betrachtet werden. Was bei der einen Familie gut ankommt, muss für eine andere Familie nicht unbedingt zutreffen. So werden möglicherweise und trotz aller Bemühungen einige Problembereiche immer wieder auftauchen. Hierzu gehören:

- Verständigungsprobleme durch geringe Deutschkenntnisse seitens der Migrantenfamilie;
- Probleme durch unterschiedliche religiöse bzw. Wertevorstellungen;
- zu hohe Erwartungshaltungen seitens der Eltern (z. B. was das Erlernen der Sprache angeht);
- generelles Desinteresse seitens der Eltern, wie es auch in deutschen Familien auftreten kann.

Es gilt, sich nicht durch vermeintliche Rückschläge verunsichern zu lassen. Vielmehr muss die interkulturelle Elternarbeit als ein kontinuierlicher Prozess aufgefasst werden. Dazu ist es notwendig, immer wieder auf die bisher geleistete Arbeit zurückzublicken und sich zu fragen, welche Angebote angenommen wurden und welche nicht. Gleichzeitig gilt es auch, neue Anregungen und Ideen zu entwickeln bzw. aufzugreifen.

Viel hängt von der Einstellung gegenüber den Migranten ab. Empfindet man es als Zumutung, dass sie z. B. nicht richtig Deutsch sprechen oder nimmt man die Eltern, wie sie sind mit einer wertschätzenden Haltung an und empfindet das, was sie mitbringen als Bereicherung? Nimmt man die Eltern mit ihrem jeweils eigenen spezifischen Hintergrund in seiner Vielfalt, also nicht nur dem nationalen Hintergrund, wahr und ist bereit zu einem wechselseitigen konstruktiven Austausch? Die Bedeutung dieser eigenen Einstellung und der Selbstreflexion, wurden in vorherigen Kapiteln für die interkulturelle Arbeit deutlich gemacht (vgl. Kapitel 2.2. u. 2.3.). Reflektieren Sie auch vor diesem Hintergrund Ihre bisherige Arbeit.

Reflexionsfragen

Mit folgenden Fragen können Sie alleine, im Team oder mit Gesprächs-Kooperationspartner z. B. bei Fortbildungen Ihre bisher geleistete Arbeit systematisch erfassen:

- Werden Migranteneltern bei der Planung von Angeboten für Eltern berücksichtigt, wenn ja, wie?
- Welche speziellen Angebote für Eltern gibt es?
- Sind diese auf die spezielle Gruppe zugeschnitten?
- Wie werden die Angebote angenommen (gut/verhalten/schlecht)?
- Was könnten Gründe dafür sein?

- Wie bzw. welche Angebote können im Sinne der Eltern verbessert werden?
- Wurde das Thema Hausbesuche bereits angesprochen, wie haben die Eltern reagiert.
- Wie können Angebote durch den Einsatz entsprechender Materialien noch wirkungsvoller gestaltet werden?
- Gab es Gespräche über Spielmaterialien, haben eventuell Eltern eigene Spielmaterialien, Bücher etc. mitgebracht, vorgeschlagen?

Sie können nun auf der Basis der durchgeführten Reflexion ihrer bisherigen Arbeit überprüfen, welche der vorgeschlagenen Anregungen sinnvolle Ergänzungen zu Ihrem bisherigen Angebot darstellen können.

7.3 Bewährte Anregungen aus der Praxis

Die folgenden Anregungen aus der Praxis haben sich bewährt. Überprüfen Sie, bezogen auf Ihre konkrete Situation, welche der Anregungen für Ihre Zusammenarbeit mit Eltern durchführbar ist.

- Sinnvoll ist es, Kontakt zwischen Eltern aus gleichem sprachlichem oder kulturellem Kontext herzustellen. Beispiele hierfür sind Elterncafés. Tagesmütter können Kontakt zu anderen Tagesmüttern suchen und die jeweiligen Eltern durch Elterncafés/Nachmittage zusammenbringen.
- Möglich sind auch andere Formen des Zusammentreffens, z. B. Frühstück nur für die Mütter.
- Hilfreich ist das Symbolisierung/Visualisierung von Themen (z. B. Fotos, Bilder von Schwimmsachen).
- Planen und führen Sie gemeinsam mit Eltern Feste durch. Hierdurch lernt man sich besser kennen und tauscht sich über Sitten, Gebräuche aus. Wichtig sind Absprachen über Feste und Rituale schon in der ersten Phase des Kennenlernens. Hilfreich ist ein Festkalender, in dem alle wichtigen Termine für jeden sichtbar eingetragen werden.
- Insgesamt ist es für die Migranteneltern leichter an Angeboten teilzunehmen, die durch aktives „Tun" gekennzeichnet sind (z. B. Backen, Kochen, Basteln) als an solchen, die überwiegend verbal durchgeführt werden.
- Dies kann an gemeinsamen Nachmittagen mit Eltern und Kind stattfinden. Hierbei ist es wichtig, die Eltern zu ermuntern, mit ihrem Kind in ihrer Muttersprache zu sprechen (vgl. Kapitel Unterstützung von Sprachlernprozessen).
- In diesem Zusammenhang ist es auch wichtig, mit Eltern über das Thema Sprachentwicklung zu sprechen, gerade auch um zu hohe Erwartungshaltungen zu dämpfen (vgl. Kapitel Unterstützung von Sprachlernprozessen).
- Schließlich sind auch Sprachförderprogramme (Deutschkurse) für die Eltern thematisierbar .

- Hausbesuche sind hilfreich. Migrantenfamilien können sich in ihrem heimischen Umfeld darstellen und ihre Gastfreundschaft zeigen. Günstig ist der Besuch zu zweit, damit eine Kollegin sich mit dem Kind beschäftigen kann.
- Gut ist es auch, durch mehrfaches Nachfragen den Namen der Familie des Kindes richtig aussprechen zu lernen.
- Nutzen Sie Kooperationen und arbeiten Sie mit Fachdiensten, Initiativen usw. zusammen (vgl. Kooperationspartner im Anhang).

Vielleicht fallen Ihnen nun auch noch andere Möglichkeiten zur Verbesserung der Zusammenarbeit mit Eltern ein. Probieren Sie diese aus, sprechen Sie mit den Eltern darüber, was ihnen gefällt. Die Arbeit im interkulturellen Bereich ist dynamisch, wandelbar und schnell veränderlich. Hierauf reagieren zu können macht einen wichtigen Teil Ihrer pädagogischen und interkulturellen Kompetenz aus.

7.4 Vorschläge für Elterngespräche

Im Folgenden finden Sie einige Vorschläge für Gespräche mit Eltern. Die Themen sind dabei an Entwicklungsaufgaben von Kindern in der Altersgruppe unter drei Jahren orientiert. Die Gespräche haben eine interkulturelle Ausrichtung und sind eng an den Anti-bias-Ansatz „Vorurteilsbewusster Erziehung“ angelehnt. Hierbei soll Eltern auch ein Bewusstsein über die Gestaltung einer vorurteilsbewussten Erziehungspraxis vermittelt werden. Generelles Ziel der Gespräche ist es, die Eltern dabei zu unterstützen, eigene Lösungen für spezifische Fragen zu entwickeln, die sie aktuell beschäftigen. Hierbei ist es hilfreich, Erfahrungen anderer Eltern (Ähnlichkeiten/Unterschiede) aufzuzeigen, Fachkenntnisse zu verdeutlichen und gegenseitige Erfahrungen auszutauschen.

Gespräch mit Eltern zum Thema „Erste Trennung“

Yildiz weint, als ihre Mutter gehen will. Ihre Mutter bringt es fast nicht über das Herz zu gehen. Nach einer Weile beruhigt sich Yildiz. Dennoch muss in einem Elterngespräch die Trennungssituation aufgearbeitet werden. Die Eltern können so für ihre eigenen Gefühle und Erfahrungen mit Trennungserlebnissen sensibilisiert werden und gleichzeitig ihre eigenen Ängste, ihre Trauer verbalisieren. Hierdurch kann es Eltern, wie Yildiz Mutter, erleichtert werden, mit der für sie oftmals belastenden ersten Trennungssituation von ihrem Kind beim Übergang in die Kindertageseinrichtung zurechtzukommen. Schließlich können auch kulturelle oder andere Hintergründe, z.B. die Vorstellung „eine gute Mutter gibt ihr Kind nicht weg“ die Auseinandersetzung mit der Trennungssituation beeinflussen. Diese Vorstellungen müssen identifiziert und berücksichtigt werden.

So wird es gemacht: Fragen an die Eltern zum Thema Trennung

- Was sind Ihre ersten Erinnerungen an Trennung von den eigenen Eltern?
- Wie haben Sie sich gefühlt, was hat geholfen?

- In welcher Situation mussten Sie das erste Mal Ihr eigenes Kind alleine lassen?
- Wie ging es Ihnen dabei, wie ging es dem Kind dabei?

Die Fragen eigenen sich im Übrigen auch gut zur Eigensensibilisierung und Förderung von Empathie mit den von der Trennungssituation betroffenen Eltern. So kann es sehr hilfreich sein, wenn Eltern zunächst nichts einfällt, eigene Erfahrungen, Erinnerungen zu schildern. Daran können Eltern in der Regel gut anknüpfen.

- Wie wird mit Trennung in Ihrer Familie allgemein umgegangen, wie wird Trennung gesehen?
- Wie stehen Sie zu der Trennung von Ihrem Kind, als Mutter/als Vater?
- Wie schätzen Sie die Trennung für Ihr Kind als Mädchen/als Junge, als Kind mit seiner spezifischen Art ein?

Versuchen Sie im Anschluss die für Sie wichtigsten Aspekte aufzuzeigen. Wie wirken sich familien- und herkunftskulturelle Besonderheiten aus? Wie äußern sich Geschlechterrollenvorstellungen in Trennungssituationen?

Im anschließenden Gespräch sollten Eltern unterstützt werden, mögliche eigene Konflikte mit der Trennungssituation zu verstehen. Möglicherweise widerspricht die frühe Trennung vom Kind dem eigenen Normen- und Wertegefüge und ist dennoch aus unterschiedlichen Gründen unabdingbar. Hier sollte Eltern, möglicherweise über geeignete Beispiele in wertschätzender Art geholfen werden, eine Balance zwischen den eigenen Wertevorstellungen und den Erfordernissen herzustellen. Dies kann z. B. dadurch geschehen, dass die Chancen und Möglichkeiten für die Kinder (z. B. Zweit-Spracherwerb, soziale Kontakte mit anderen Kindern, bessere Bildungserfolge durch Frühförderung etc.) hervorgehoben werden.

Gespräch mit Eltern zum Thema: Sauberkeit

Fabian wird heute mit besonders frisch gewaschenen Jeans und weißem T-Shirt von seinen Eltern in Ihre Obhut gebracht. Sie freuen sich, dass Fabian so gepflegt und sauber erscheint. Andererseits werden Sie sich bei dem Wetter, es ist leicht bedeckt, aber warm, vor kurzem hatte es noch geregnet, mit Fabian und den anderen Kindern draußen aufhalten. Speziell im Sandkasten werden die Kinder mit Matsch spielen und sich dreckig machen. Wie werden die Eltern reagieren. Diese und ähnliche Situationen tauchen nicht nur in der interkulturellen Arbeit auf. Dieses Beispiel zeigt, dass es Gespräche über familienkulturelle Vorstellungen zu Normen und Regeln, hier die Sauberkeitsregel, geben muss. Dabei kann es durch unterschiedliche kulturelle Sozialisationen recht verschiedene Vorstellungen geben. Diese können z. B. auch in der Grundhaltung der Eltern zum Ausdruck kommen, nach der Jungen sich ruhig schmutzig machen können, dies gehört zum Toben ja dazu. Bei Mädchen hingegen müsse darauf geachtet werden, dass sie sauber bleiben und behutsam spielen. Auch kann es bei unterschiedlichen finanziellen Grundvoraussetzungen für einige Eltern eher ein Problem sein, wenn z. B. Kleidung kaputt geht oder dreckig wird. All dies muss berücksichtigt werden. Man sollte nicht von einer eigenen Normvorstellung ausgehen und diese dann als normal für alle Familien ansehen. Dazu sollte in einem Elterngespräch die

Frage geklärt werden: Wie dreckig darf sich mein Kind machen? Auch hierbei können Sie zur Vorbereitung im Sinne einer Selbstreflexion diese Frage für sich selbst beantworten und dort, wo es Schwierigkeiten bei der Beantwortung seitens der Eltern gibt, als Einstieg eigene Beispiele benennen.

So wird es gemacht: Fragen an die Eltern zum Thema Sauberkeit

- Welche Spiele haben Sie als Kind draußen gespielt?
- Gehörte hierzu auch das Spielen im Sandkasten, mit Matsch, Wasser, Sand?
- Wie war es mit Farben und Materialien wie Ton?
- Sind Ihnen auch einmal Kleidungsstücke kaputt gegangen? Wie ging es Ihnen dabei als Kind, gab es Ärger mit den Eltern?
- Nun zu Ihrem Kind: Wir/Ich würden gerne mit Ihrem Kind draußen oder auch mit verschiedenen Materialien (Ton, Farbe ...) spielen. Dabei kann Ihr Kind sich auch dreckig machen. Würden Sie das erlauben?
- Wie sieht es bei Ihnen zu Hause im Bezug auf die Frage aus, ob sich Ihr Kind dreckig machen kann?
- Sollen wir Kleidung in der Einrichtung aufbewahren, die das Kind hier anzieht und dreckig machen kann?
- Was ist, wenn einmal etwas kaputt geht?

Gemeinsam mit den Eltern sollten Sauberkeitsregeln ausgehandelt werden.

Gespräch mit Eltern zum Thema: Aggressives Verhalten

Sinan hat zum wiederholten Male auf dem Spielplatz anderen Kindern Sand ins Gesicht geworfen. Als diese zurückgeworfen haben, fing er an zu beißen und zu hauen. Es ist nun für Sie wichtig, mit den Eltern ein gemeinsames Vorgehen gegen die aggressiven Verhaltensäußerungen von Sinan zu besprechen. Wie stehen die Eltern zu dem Verhalten, sind sie möglicherweise entsetzt oder finden sie es gar gut und was könnten mögliche Ursachen für die Häufung dieses Verhaltens sein? Auch hier gilt: Die auftauchenden Themen sind kindspezifisch und kulturübergreifend. Die Vorstellungen der Eltern hierüber könnten aber kulturbedingt von Ihren „Normalitätsvorstellungen" abweichend sein. So könnten aggressive Verhaltensäußerungen bei Jungen eher positiv bewertet werden als bei Mädchen. Aber Vorsicht vor stereotypen Sichtweisen. Zunächst muss herausgefunden werden, wie die Eltern tatsächlich zu dieser Frage stehen, bzw. müssen die Eltern unterstützt werden selber für sich zu klären, wie sie zur Aggressivität ihres Kindes stehen.

Fragen an die Eltern zum Thema „aggressive Verhaltensäußerungen"

- Auch hier kann es sinnvoll sein, ein Beispiel für aggressive Verhaltensäußerungen aus der eigenen Kindheitserfahrung zu schildern und Fragen über die Erfahrungen der Eltern in ihrer Kindheit zu stellen.

- Wie war es in Ihrer Kindheit: Gab es Aggressivität unter Kindern, wie sah diese aus?
- Wie wurde es von den Eltern beurteilt, welche traditionellen oder kulturellen Vorstellungen gab es darüber, gab es einen Unterschied in der Bewertung von Aggression bei Jungen und Mädchen?
- Wurden Sie selber von den Eltern bestraft?
- Wie stehen Sie zu dem Thema in Bezug auf Ihr Kind?
- Welche Form von Aggression ist akzeptabel, wo liegen die Grenzen?
- Halten Sie Aggression für Durchsetzungsfähigkeit, gibt es andere Formen sich durchzusetzen?
- Welche Formen von Bestrafung halten Sie gegenüber Kindern für angemessen?

Im Anschluss sollten Gemeinsamkeiten und Unterschiede in den jeweiligen Vorstellungen diskutiert und der Versuch unternommen werden, einige „Eckpunkte" im Umgang mit aggressivem Verhalten (schriftlich) zu formulieren.

Gespräch mit Eltern zum Thema: Grenzen setzen und „nein" sagen

Sie haben mit Sinans Eltern gemeinsame Regeln für den Umgang mit seinen Aggressionen ausgehandelt. Er soll jedes Mal entschieden, aber nicht zu streng auf sein Verhalten angesprochen werden. Verhält er sich friedlich, soll er regelmäßig gelobt werden. Dennoch zeigt sich bald, dass gerade Sinans Mutter, die den größten Teil der häuslichen Zeit mit ihm verbringt, sich selber nicht gut durchsetzen bzw. ihm Grenzen setzen kann. Ganz anders der Vater von Sinan. Wenn er zu Hause ist, wird Sinan immer wieder ermahnt und ihm wird vieles verboten. Die Oma schließlich erlaubt Sinan alles, er kann von ihr haben, was er will, sie bringt es nicht über das Herz „nein" zu sagen. Gerade in Sinans Alter von zwei Jahren ist es für ihn aber wichtig, klar und verlässlich seine Grenzen kennen zu lernen. Entsprechend testet er diese auch immer wieder aus. Das Thema muss mit den Eltern besprochen werden. Wie stehen sie selber zum Thema „Grenzen setzen"?

Fragen an die Eltern zum Thema „Grenzen setzen"

- Was darf Ihr Kind? Was darf es nicht? (Da hier eine Vielzahl von Themen genannt werden können, bietet es sich an, die Antworten auf Karten zu schreiben und im Anschluss nach Themen zu sortieren. Danach können die Themen mit den Eltern besprochen werden, um Gemeinsamkeiten und Unterschiede zu verdeutlichen.)
- Wie gehen Sie mit unterschiedlichen Vorstellungen bezüglich der Grenzen um? Welche Möglichkeiten gibt es noch, damit umzugehen?
- Wie war es in Ihrer Erziehung, was durften Sie/was nicht? (Auch hier können Antworten auf Karten notiert werden und diese dann mit den vorhergegangenen verglichen werden. Wie wirkt sich die eigene Erziehung auf die Erziehungsvorstellungen für die eigenen Kinder aus. Was könnte verändert werden?)

Bei besonders schwierigen Fragen ist es ratsam, Eltern Zeit zum Verarbeiten der Themen zu lassen. Versuchen Sie nicht zu überreden oder zu bekehren! Akzeptieren Sie den Stand im Leben Ihres Gegenübers. Möglicherweise ist es gut, das Thema bei einer anderen Gelegenheit noch einmal anzusprechen.

- Wie wirkt sich das Geschlecht auf diese Frage aus, soll dies so bleiben oder können sich die Eltern hier Veränderungen vorstellen?
- Wann fällt es Ihnen besonders schwer „nein“ zu sagen? Was könnten Gründe hierfür sein?
- Wo empfinden Sie selber Konflikte, wenn Sie „nein“ sagen müssen oder Grenzen setzen?
- Können Sie Beispiele für solche Situationen nennen?
- Wie stehen Sie dazu, in der pädagogischen Arbeit Grenzen zu setzen?

Nennen Sie Beispiel aus der pädagogischen Arbeit und diskutieren Sie anhand der Beispiele der Eltern das Thema. Versuchen Sie, wie auch schon bei den vorhergegangenen Themen, gemeinsame Regeln auszuhandeln.

7.5 Exkurs zur familialen Ressourcenausstattung

Weiter oben (vgl. Kapitel „Vorurteile“) wurden Untersuchungen zu „Deutschen Zuständen“ von Wilhelm Heitmeyer (2002) beschriebenen, die u. a. verdeutlichen, welche Faktoren dafür verantwortlich sind, dass Menschen sich innerhalb einer Gesellschaft integriert oder eben nicht integriert fühlen. Ähnlich hat in Frankreich der Soziologe Pierre Bourdieu (1982) in umfangreichen empirischen Untersuchung Faktoren für individuelle gesellschaftliche Stellungen – er nennt sie die Positionen im „Sozialen Raum“ – ermittelt. Es sind vier Faktoren die Bourdieu als Kapitalsorten bezeichnet, also als „Werte“ die man anhäufen (akkumulieren) kann: Es handelt sich um ökonomisches Kapital (Geld, materieller Besitz), kulturelles Kapital (Bildung), soziales Kapital (Beziehungen) und symbolisches Kapital (festgelegte Eigenschaften mit symbolischem Wert). Diese „Kapitalsorten“ können im Rahmen der Bildungsforschung (vgl. Brake & Büchner 2003) ergänzt um zeitliche Ressourcen als familiale Ressourcenausstattung aufgefasst werden.

Die Verfügbarkeit über ökonomisches Kapital also z. B. Geld durch unterschiedliche Einkommen führt zu unterschiedlichen sozialen Stellungen in der Gesellschaft. Dies hat meist Auswirkungen auf die Bildungsbiografie der Kinder, steht also im Zusammenhang mit der Verfügbarkeit über kulturelles Kapital. Hierunter wird alles verstanden, was man im Rahmen von Bildungsprozessen akkumulieren also anhäufen kann: Verinnerlichtes Wissen (inkorporierte Bildungsausstattung), Verfügbarkeit über Bildungsgüter wie Bücher (objektivierte Bildungsausstattung) und Bildungstitel sowie Schulabschlüsse (institutionalisierte Bildungsausstattung). Auch diese „Kapitalsorte“ trägt wesentlich zur Positionierung im „Sozialen Raum“ bei (Akademiker, Arbeiter, Künstler usw.). Ökonomisches und kulturelles Kapital stehen natürlich in Zusammenhang: So macht es einen Unterschied, ob Familien Geld z. B. für Nachhilfe- oder Musikunterricht der Kinder zur Verfügung steht, ob es ausreichende Lern- bzw. Entwicklungsanreize (z. B. Bilderbücher) oder ob es nur den Fernseher gibt. Und so führt die unterschiedliche Verfügbarkeit über ökonomisches und kulturelles Kapital zur Entstehung sozialer Ungleichheiten. Auch das Bildungssystem trennt „mit Hilfe einer ganzen Reihe von Auslesevorgängen die Besitzer von ererbtem kulturellem Kapital von den Nichtbesitzern“ (Bourdieu 1998, S. 36). Wie aber gehen Familien damit um, wenn sie in nicht ausreichendem Maße über ökonomisches oder kulturelles Kapital verfügen und wie kann in diesem Zusammenhang ein pädagogischer Beitrag zur Herstellung von Chancengleichheit geleistet also kulturelles Kapital der Kinder gestärkt werden?

Neben kulturellem und ökonomischem Kapital gibt es – so Bourdieu – zwei weitere für die soziale Verortung relevante Kapitalsorten: das symbolische und das soziale Kapital. Das symbolische Kapital kann als prädisponierte also vorab festgelegte Eigenschaft verstanden werden. So erhalten Frauen in Deutschland nach wie vor für die gleiche Arbeit eine geringere Bezahlung. Ebenso wie Geschlechterzugehörigkeit kann auch die ethnische Herkunft (aber auch andere Faktoren) zu Bevorzugung oder Benachteiligung beitragen. Die Aufwertung der eigenen Bezugsgruppe durch Abwertung anderer als vermeidlich schwächer angesehener Gruppen wurde (vgl. Heitmeyer 2002) als Versuch beschrieben, die eigene soziale Stellung in der Gesellschaft zu verbessern. Gerade in Zeiten hoher Arbeitslosigkeit und wirtschaftlicher Verunsicherung erfahren Migranten diese Form der Abwertung des eigenen symbolischen Kapitals und damit der sozialen Stellung. Dies wird auch als Unterschichtung bezeichnet (vgl. Treibel 1990). Menschen wird aufgrund von festgelegten Merkmalen (Migrant) eine bestimmte gesellschaftliche Position (Unterschicht) zugeordnet. So kann nach wie vor der kurdisch-stämmige Chefarzt, der indisch-stämmige Lehrer oder der vietnamesisch-stämmige Filialleiter einer Supermarktkette Irritationen auslösen. Eine Strategie, dennoch die eigene Position zu sichern, liegt nach Bourdieu darin, das „Soziale Kapital“ zu stärken. Dort wo ökonomische oder kulturelle Ressourcen fehlen, schaffen sich Menschen im allgemeinen eine Aufwertung ihrer gesellschaftlichen Stellung dadurch, dass „Soziale Ressourcen“ aktiviert werden. Unter „Sozialem Kapital“ wird bei Bourdieu vor allem die Einbindung in soziale Netze wie die Familie, Kontakt nach außen, „Beziehungen“ aufgefasst. Der Bedeutungszuwachs von „ethnischen Gemeinschaften“, in Medien oftmals als Parallelgesellschaften beschrieben, verweist in diese Richtung.

Sowohl in Bezug auf symbolisches Kapital als auch in Bezug auf soziales Kapital wird allerdings die Bildungsbedeutsamkeit der Familie deutlich. Anerkennung und Aufwertung (Wertschätzung) stellen eine Stärkung des symbolischen Kapitals von Familien dar. Stadtteil- und Gemeinwesenarbeit setzt dort an, wo es um die Stärkung von „Sozialem Kapital“ also Beziehungen, Netzwerken, Unterstützungsangeboten geht. Das pädagogische Handlungsfeld ebenso wie die pädagogische Fachkraft kann für Familien wichtiges „Soziales Kapital“ neben den familiären Beziehungsstrukturen darstellen.

Weitergehende Bildungsforschung (vgl. Brake 2003, S. 635) begreift in diesem Zusammenhang unter „Sozialem Kapital“ auch die Qualität innerfamiliärer Beziehungen. Ob Kinder eher in einer autoritativen Befehls-Gehorsams-Erziehung aufwachsen oder in Richtung von Selbst- und Mitbestimmungsfähigkeit, ist mitentscheidend für spätere soziale Kompetenzen aber auch für die Bildungsbiografie und somit für Chancen auf gesellschaftliche Teilhabe insgesamt. Wandelnde gesellschaftliche Bedingungen erfordern heute Offenheit und Aufgeschlossenheit für Neues, eine wesentliche Grundvoraussetzung für die Gestaltung von Lernprozessen. Gerade für einen Teil der Migrantenfamilien vollzieht sich die Gestaltung von Lebensbezügen aber in einem Spannungsfeld von „Traditionssicherung und Veränderungsaufforderung". Hier gilt es gemeinsam mit den Familien zu ermitteln, wo Erziehungsstile, die auf Anpassung und Autoritätshörigkeit abzielen, kulturelles Kapital und somit gesellschaftliche Teilhabe der Kinder einschränken können. Gerade vor diesem Hintergrund stellt Zusammenarbeit mit Familien im pädagogischen Kontext eine wichtige „Soziale Ressource" zur Stärkung von kulturellem Kapital dar. Unterstützung von Familien kann hier im Rahmen biografischer Familienarbeit gewährleistet werden. Entsprechen können, wie Brake und Büchner (2003) vorschlagen, u.a. durch Biografiearbeit, wie sie in vorliegendem Zusammenhang sowohl zur Eigenreflexion als auch z.B. im Rahmen der vorgeschlagenen Elterngespräche vorgestellt wurde, vorhandene Ressourcen der Familien ermittelt und erweitert werden, um die Familie als Bildungsort zu stärken.

8 Fazit und Ausblick

8 Fazit und Ausblick

Ausgehend von der Migrationsgeschichte der Bundesrepublik wurden unterschiedlichen Faktoren aufgezeigt, die dazu geführt haben, dass die Gesellschaft, in der wir leben, durch Vielfalt gekennzeichnet ist. Neben den Migrationserfahrungen durch Aus- und Zuwanderung findet diese Vielfalt ihren Ausdruck z.B. auch in den verschiedenen Familienformen, in denen Kinder aufwachsen. Sie findet sich in der Vielfalt von Jugendkulturen. Sie findet sich aber auch in der Vielzahl von Anforderungen, die Menschen in der heutigen Gesellschaft zu bewältigen haben. Dieses können die Sorgen vor Arbeitslosigkeit oder Klimawandel sein. Hierzu gehören aber auch innergesellschaftliche Veränderungen (z.B. der Fall der Mauer) und übergesellschaftliche Veränderungen, wie sie als Globalisierungsprozesse bezeichnet werden. Das alles führt dazu, dass in der modernen Gesellschaft eine Einheitlichkeit von Lebensentwürfen, Normen oder Wertvorstellungen, Geschmack und Vorlieben nicht mehr gegeben ist. Hierbei wurde im Rahmen der Auseinandersetzung mit dem Begriff Kultur deutlich gemacht, dass wir längst alle in einer multikulturellen Gesellschaft leben.

Wir alle sind längst multikulturell: Die vietnamesische Studentin, der türkischstämmige Polizist oder der kurdischstämmige Anästhesie-Arzt, der in seiner Freizeit „Rolling Stones" hört, die Bankdirektorin, der Bauarbeiter, der türkische Vater und die deutsche Mutter, die beim Elternabend gemeinsam über ihre Kinder sprechen, sie alle versinnbildlichen die Vielfalt, aus der sich unsere Gesellschaft zusammensetzt.

Wir alle sind längst multikulturell.

Die menschlichen Wahrnehmungsstrukturen, wie sie im Abschnitt über „Soziale Wahrnehmung" und Vorurteile beschrieben wurden, führen aber dazu, dass wir uns Zusammenhänge strukturieren können und müssen. Schnell kommt es zu Vereinfachungen und Gruppenzuschreibungen, die gerade in Konfliktsituationen zu Aussagen führen wie z.B. „typisch Mann". Gerade weil dort, wo Menschen aufeinander treffen und unterschiedliche Ansichten vertreten, es immer auch zu „Widerstreit" also zu Konflikten kommen kann, wird oftmals der Eindruck vermittelt, die „Multikulturelle Gesellschaft" sei gescheitert. Im vorliegenden Zusammenhang wurde davon ausgegangen, dass das Aushalten solcher „Konflikte" und die Fähigkeit, Situationen konstruktiv zu gestalten und eine gemeinsame Lebenspraxis zu entwickeln, zu den Grunderfordernissen und Schlüsselkompetenzen innerhalb moderner Gesellschaft gehört.

Empathie, die Fähigkeit zu Perspektivwechsel, Überwindung von Ethnozentrismus, Anerkennung und Wertschätzung gehören zu den Schlüsselkompetenzen moderner Gesellschaften.

Wege hierhin wurden im Abschnitt über interkulturelle Kompetenz beschrieben: Empathie, die Fähigkeit zu Perspektivwechsel, Überwindung von Ethnozentrismus, Anerkennung und Wertschätzung. Dies ist auch vor dem Hintergrund der Unterstützung von Sprachlernprozessen bei verschiedenen Herkunftssprachen von maßgeblicher Bedeutung. Sofern diese Bedingungen im Sinne interkultureller Kompetenz bei pädagogischen Fachkräften gegeben sind und beachtet werden, haben Kinder, wie im Kapitel „Vorurteilsbewusste Erziehung" aufgezeigt wurde, die Möglichkeit, mit der ihnen eigenen Selbstverständlichkeit sich in dieser Vielfalt und als Teil dieser Vielfalt zu erleben. Diese Vielfalt und das Erfahren von Anerkennung und Wertschätzung beziehen sich auch auf die jeweils unterschiedlichen Familienkulturen. Und so schließt sich der Kreis, der hier um das Thema Kulturen gezogen wurde. Kulturen können heute nicht mehr als voneinander abgegrenzte Inseln aufgefasst werden. Kultur entsteht nicht durch Ausgrenzung und Abspaltung, nicht durch die Fokussierung auf vermeintliche Unterschiede. Vielmehr sind Kulturen gekennzeichnet von Durchdringung und Vernetzung. Es zeichnet die Menschen aus, dass sie voneinander lernen können. Wir können nur gemeinsam Kindern eine lebenswerte Zukunft erhalten.

Kultur entsteht aus Gemeinsamkeiten.

Kultur entsteht überall dort, wo sich Menschen austauschen, wo Menschen gemeinsam ihre Lebenssituationen gestalten, wo Menschen Lösungen und Wege finden, in der Verschiedenheit zu Gemeinsamkeiten zu kommen und wo durch die Gemeinsamkeiten Verschiedenheit lebbar wird. Überall dort werden wir auch jedem einzelnen Menschen in seiner Besonderheit und seiner Individualität gerecht, ohne ihn zu kategorisieren. Ein pädagogischer Zugang hierzu wurde z. B. im Rahmen von Biografiearbeit beschrieben, einer Methode aus dem Ansatz „Transkultureller Pädagogik". Das Konzept der Transkulturalität wurde u.a. vom Philosophen Wolfgang Welsch (1996) entfaltet und beschrieben (vgl. Welsch 1996). Bei ihm findet sich auch ein Auszug aus Carl Zuckmayers „Des Teufels General", ein Beispiel für die Bedeutung von Biografiearbeit für ein erweitertes Verständnis von Kultur:

„... stellen Sie sich doch mal Ihre Ahnenreihe vor – seit Christi Geburt. Da war ein römischer Feldhauptmann, ein schwarzer Kerl, braun wie ne reife Olive, der hat einem blonden Mädchen Latein beigebracht. Und dann kam ein jüdischer Gewürzhändler in die Familie, das war ein ernster Mensch, der ist noch vor der Heirat Christ geworden und hat die katholische Haustradition begründet. – Und dann kam ein griechischer Arzt dazu, oder ein keltischer Legionär, ein graubündener Landsknecht, ein schwedischer Reiter, ein Soldat Napoleons, ein desertierter Kosak, ein schwarzwälder Flözer, ein wandernder Müllerbursch vom Elsaß, ein dicker Schiffer aus Holland, ein Magyar, ein Pandur, ein Offizier aus Wien, ein französischer Schauspieler, ein böhmischer Musikant – das hat alles am Rhein gelebt, gerauft, gesoffen und gesungen und Kinder gezeugt – und – und der Goethe, der kam aus dem selben Topf und der Beethoven, und der Gutenberg, und der Matthias Grünewald, und – ach was, schau im Lexikon nach. Es waren die Besten, mein Lieber! Die Besten der Welt! Und warum? Weil sich die Völker dort vermischt haben. Vermischt – wie die Wasser aus Quellen und Bächen und Flüssen, damit sie zu einem großen, lebendigen Strom zusammenrinnen" (Welsch 1996, S. 276).

9 Anhang

9 Anhang

9.1 Kooperationspartner und Kontaktadressen

Darum geht es

In der pädagogischen Arbeit im interkulturellen Kontext werden immer wieder Fragen auftauchen oder Situationen entstehen, die es notwendig machen, sich Informationen oder Unterstützung einzuholen. Wenn Sie sich z.B. auf die Zusammenarbeit mit Eltern vorbereiten, kann es wichtig sein, sich Informationen über kultur- oder religionsspezifische Aspekte einzuholen. Hierzu bietet es sich an, Kontakt zu Trägern aufzunehmen, die Beratungs- und Unterstützungsangebote für Migranten bzw. für die interkulturelle pädagogische Arbeit anbieten. Dies können unterschiedliche freie oder öffentliche Träger wie Migrantenvereine, Selbsthilfegruppen, kirchliche Träger, Behörden etc. sein. Im Folgenden finden Sie Kontaktadressen und Hinweise zu ausgewählten Angeboten für die Beratung- und Unterstützung von und für die Arbeit mit Migranten.

9.1.1 Ausgewählte Internetportale und Kontaktadressen

Bundesministerium des Inneren

http://www.bmi.bund.de

Auf der Internetseite des Bundesministerium des Inneren finden Sie allgemeine Informationen als Downloads u.a. zu folgenden Themen:

- Migrationsberichte
- Gesetzliche Verordnungen zu den Themen Ausländer und Asyl, Staatsangehörigkeit
- Zuwanderung/Zuwanderungsrecht
- Informationen für Zuwanderer (sechssprachig)
- Migration und Integration

Ministerium für Bildung, Jugend und Sport des Landes Brandenburg

http://www.mbjs.brandenburg.de

Hier finden sich u.a. Grundsätze der Förderung elementarer Bildung in Einrichtungen der Kindertagesbetreuung.

Bundesamt für Migration und Flüchtlinge

http://www.bamf.de

Hier gibt es zahlreiche Informationen und Links, beispielsweise zum europäischen Migrationsnetzwerk und zum Integrationsportal in Deutschland.

Das Integrationsportal von Deutschland

http://www.integration-in-deutschland.de

Das Integrationsportal von Deutschland soll den Integrationsprozess unterstützen, indem es Angebote und Möglichkeiten zielgruppenorientiert aufzeigt.

Ministerium für Generationen, Frauen, Familie und Integration des Landes Nordrhein-Westfalen

http://www.mgffi.nrw.de
http://www.integration.nrw.de
http://www.bildungsportal.nrw.de

Hier finden Sie u. a. umfangreiche Informationen zu den Themen Sprachstandserhebung, Sprachförderung, sowie zu Integrationsangebote – Integrationsthemen – Integrationsdaten nicht nur aus Nordrhein-Westfalen. Außerdem gibt es viele weitere Links zum Themenbereich.

Bayerisches Staatsministerium für Arbeit, Sozialordnung, Familie und Frauen

http://www.stmas.bayern.de/migration

Das Bayerische Staatsministerium für Arbeit, Sozialordnung, Familie und Frauen bietet sehr umfangreiche Informationen zu den Themen Migration/Integration/Sprachförderung an. Hier finden sich auch Hinweise auf Beratungsstellen und zur Förderung von Kindern mit Migrationshintergrund in Kindergarten und Schule.

Berliner Senatsverwaltung für Bildung, Jugend und Sport

http://www.senbjs.berlin.de
http://www.berlin.de/sen/bjs

Neben anderen Informationen finden sie hier auch das Berliner Bildungsprogramm für die Bildung, Erziehung und Betreuung von Kindern in Tageseinrichtungen bis zu ihrem Schuleintritt.

Das Bündnis für Demokratie und Toleranz

http://www.buendnis-toleranz.de

Das Bündnis für Demokratie und Toleranz – gegen Extremismus und Gewalt bietet u. a. einen Überblick über Projekte zur Gewaltprävention, für Integration und Toleranzförderung und gegen Antisemitismus und Extremismus. Das Bündnis ist zentraler Ansprechpartner und Impulsgeber der Zivilgesellschaft, hier wird zivilgesellschaftliches Engagement gesammelt, gebündelt, vernetzt und öffentlich gemacht.

Deutsches Institut für Menschenrechte

http://www.institut-fuer-menschenrechte.de

Das Deutsche Institut für Menschenrechte wurde im März 2001 auf Empfehlung des Deutschen Bundestages gegründet. Es informiert über die Lage der Menschenrechte im In- und Ausland und trägt zur Prävention von Menschenrechtsverletzungen sowie zur Förderung und zum Schutz der Menschenrechte bei. Hier finden Sie z. B. auch Informationen zum Thema Zwangsehe, Kopftuchverbot, Menschenrechte in islamisch geprägten Ländern.

Migration-in-Luebeck

http://www.migration-in-luebeck.de

migration-in-luebeck.de ist ein Internetportal des Forums für Migration in Lübeck und bündelt Adressen und Informationen für MigrantInnen, die in Lübeck leben. Hier sind auch Links zu Übersetzungsdiensten zu finden.

DGB Bildungswerk

http://www.migration-online.de

Auf der Internetseite des Bereichs Migration & Qualifizierung des DGB Bildungswerk finden Sie Informationen, Fakten und Daten rund um das Thema Migration und Arbeitswelt. Hier finden Sie auch konkrete Beratungsangebote zu unterschiedlichen Fragestellung (z. B. Leitbildentwicklung, Rechtsfragen).

Institut für Migrationsforschung und interkulturelles Lernen (BIM) e. V.

http://www.migranetze-deutschland.de

Bei dieser Seite handelt es sich um ein interdisziplinäres Informations- und Kompetenzforum, welches in Deutschland Migrationsexperten, Multiplikatoren, Organisationen, Initiativen, Projekte und Betroffene vernetzt. Diese Seite soll zu der zentralen Drehscheibe rund um alle Migrationsthemen in Deutschland ausgebaut werden.

Netzwerk Migration in Europa

http://www.network-migration.org

Das Netzwerk Migration in Europa ist ein interdisziplinäres Informations- und Kompetenzforum, welches in Europa Migrationsexperten, Multiplikatoren, Studierende und Schüler in Projektkooperationen vernetzt. Über die Vermittlung und das Wissen von Migrationsprozessen in europäischen Gesellschaften in Geschichte und Gegenwart sollen zukunftsweisende Perspektiven gefördert werden. Ziel des Netzwerks Migration ist es, die Themenfelder (Zwangs-)Migration, Menschenrechte, Minderheiten und Entwicklung in ihrem europäischen, transnationalen und globalen Zusammenhang zu stärken.

9.1.2 Ausgewählte Trägerangebote zur Beratung und Unterstützung

Arbeiterwohlfahrt

http://www.awo.org/pub/home_page

Auf der Hauptinternetseite der Arbeiterwohlfahrt findet man zum Beispiel Konzepte, Projekte und Stellungnahmen zu den Themen Migration und Integration. Die Seite bietet unter anderem auch Adressen von Einrichtungen und Diensten für Familien und eine Onlineberatung.

Deutscher Caritasverband

http://www.caritas.de

Auf dieser bundesweiten Internetseite der Caritas befinden sich viele Informationen für Migranten. Des Weiteren findet man zahlreiche Adressen von Beratungsstellen und Migrationsdienste des Caritasverbandes in den verschiedenen Bundesländern, z. B. des interkulturellen Beratungs- und Begegnungszentrums des Bistums Magdeburg (Caritasverband) mit vielen kostenlosen Beratungsdiensten.

http://www.bistum-magdeburg.de/Detailed/4.html

Bundesverband Diakonie

http://www.diakonie.de/

Für Menschen zwischen Ländern und Kulturen bietet der Bundesverband Diakonie Beratung, Information und Hilfeleistungen unterschiedlichster Art an. Hier gibt es auch Hinweise auf die Beratungsdienste in den jeweiligen Bundesländer. So z. B. das Diakonische Werk der Evangelisch-Lutherischen Landeskirche Mecklenburgs e. V. mit Beratungsstellen für Migranten.

http://www.diakonie-mv.de/index.php?migration

Deutsches Rotes Kreuz

http://www.drk.de/dls/index.html

Auch das Deutsche Rote Kreuz bietet zahlreiche Angebote zur Beratung und Unterstützung.

Beratungsstellen in Süddeutschland

http://www.regierung.oberfranken.bayern.de/integration/migrationsberatungsstellen.php

Eine gute Übersicht über Migrationsberatungsstellen in Oberfranken finden Sie auf dieser Internetseite.

9.1.3 Ausgewählte Migrantenvereine

Al Nadi

Treffpunkt für arabische Frauen – Nachbarschaftsheim Schöneberg e.V.:
Moselstraße 3 · 12159 Berlin · Tel.: 8520 602

Ausländischer Elternverein München e.V.

Goethestraße 28 · 80336 München · Tel.: 089 538916 · Fax: 089 538916

Email: aev. münchen.de@t-online.de

Birlikte Yasam

Gemeinsames Leben e.V., Verein der Familien mit behinderten Kindern und der Behinderten

http://www.birlikteyasam.com

Club Dialog e.V.

Deutsch-Russisches Beratungs- und Begegnungszentrum:
Friedrichstraße 176–179 · 10117 Berlin · Tel.: 2044859 · Fax: 2044610

Dituria e.V.

Albanischer Elternverein für Bildung, Kultur und Sport: Ziegrastraße 15–19 · 12057 Berlin · Tel.: 68597389

Europa-Afrika-Kulturzentrum e.V.

EURAFRI: Oranienstraße 159 · 10969 Berlin · Tel./Fax: 6147683

Griechische Demokratische Gemeinde in Berlin e.V.

Mittelstraße 33 · 12167 Berlin · Tel./Fax: 7929587

Lebenshilfe Bremen

http://www.lebenshilfe-bremen.de

Beratungsstelle Behinderung und Migration. Hier bekommen Menschen mit Behinderung, Eltern und Fachleute Beratung. Besonders über Probleme von türkischen oder muslimischen Familien.

Polnischer Sozialrat e.V.

Oranienstraße 34 · 10999 Berlin · Tel.: 6151717 · Fax: 61659288

TÜRKEL: Aschaffenburg ve Çevresi Türk Veliler Birliği

Türkischer Elternverein in Stadt und Land Aschaffenburg e.V.:
An der Heilquelle 5 · 63773 Goldbach ·Tel.: 06021 550110

Türkischer Elternverein in Berlin-Brandenburg e.V.

Oranienstraße 34 · 10999 Berlin · Tel.: 6143299 oder 6143691 · Fax: 6157244

Türkischer Elternverein Bochum

Engelsburger Straße 168 · 44743 Bochum · Tel: 0234 6405616 · Fax: 0234 6405616

Vereinigung der Vietnamesen in Berlin & Brandenburg e.V.

Blenheimstraße 31 · 12685 Berlin · Tel.: 54379167 · Fax: 54379087

Yekmal – Verein der Eltern aus Kurdistan in Berlin e.V.

Cuvrystraße 13–14 · 10997 Berlin · Tel.: 6189315 · Fax: 61288946

9.1.4 Fortbildungsangebote

AktionCourage e.V.

http://www.aktioncourage.org

AktionCourage e.V. – SOS Rassismus bietet ständige Qualifizierungsangebote zur interkulturellen Kompetenz für den Elementarbereich.

Institut für Interkulturelle Pädagogik im Elementarbereich e.V.

http://www.ipe-mainz.de

Das Institut für Interkulturelle Pädagogik im Elementarbereich-IPE hat es sich zur Aufgabe gemacht, die interkulturelle Erziehung und Bildung in Kindertageseinrichtungen zu fördern. Es sieht die unterschiedliche Herkunft, Kultur, Sprache und Religion der Kinder als Ressourcen an und möchte die Kinder anregen, sich neugierig, selbstständig und kreativ in ihrer multikulturellen Lebenswelt zu bewegen. Um diesen Prozess zu unterstützen, bietet das IPE pädagogischen Fachkräften des Elementarbereichs in Kursen, Seminaren, Studientagungen und Teamberatungen Möglichkeiten interkulturellen Lernens an.

Regionale Arbeitsstellen zur Förderung von Kindern und Jugendlichen aus Zuwandererfamilien

http://www.raa.de

Die 27 RAA in NRW verstehen interkulturelles Miteinander als Chance für die Entwicklung aller Kinder und Jugendlichen – für die hier geborenen, die hier aufgewachsenen und zugewanderten. Mit diesem Arbeitsansatz entwickeln die RAA Programme, Projekte, Produkte und setzen diese vor Ort in Kooperation mit Partnern um. Die RAA werden gefördert vom Ministerium für Generationen, Familie, Frauen und Integration sowie vom Ministerium für Schule und Weiterbildung des Landes NRW und den jeweiligen Kommunen bzw. Kreisen.

Institut für Sprachförderung und innovative Pädagogik

http://www.spielen-sprechen-lernen.de/2-kontakt.htm

Das Institut für Sprachförderung und innovative Pädagogik bietet Seminare, Workshops, Familienseminare und richtet sich vor allem an ErzieherInnen und Sprachförderkräfte im Elementarbereich

9.1.5 Informationen zu den Weltreligionen

Berliner Migrationsbeauftragter

Hilfreich ist es, generelle Informationen über die unterschiedlichen religiösen Festtage zu haben. Hierzu finden Sie auf der Seite des Berliner Migrationsbeauftragten einen Interkulturellen Kalender.

http://www.berlin.de/lb/intmig/publikationen/kalender/

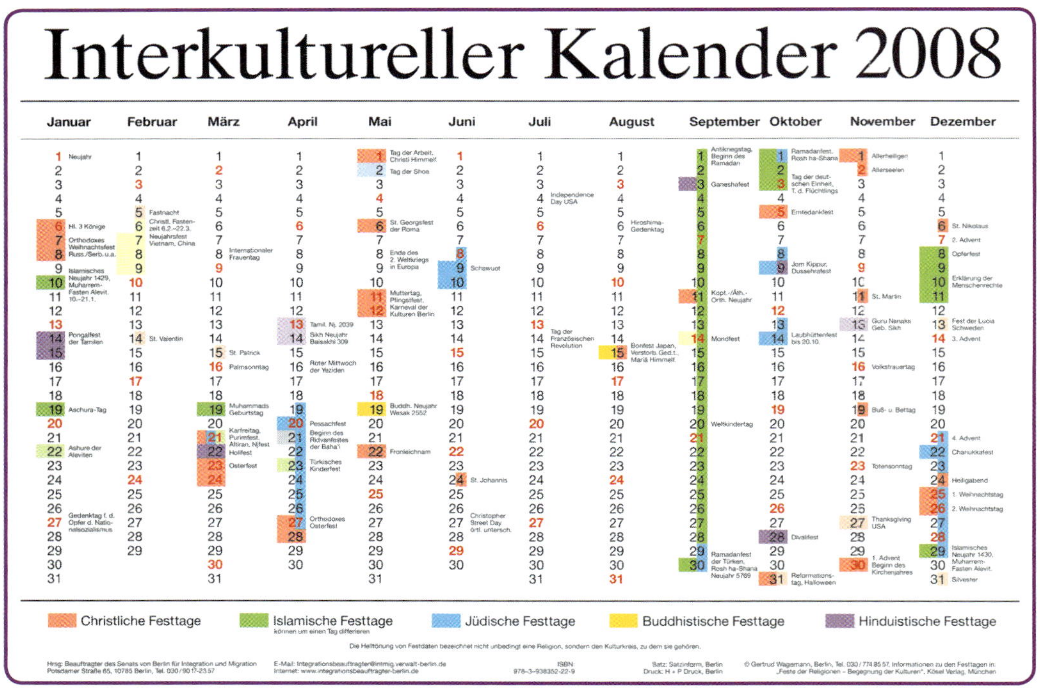

Weitere Informationen zu religiösen Feiertagen finden Sie auf folgenden Internetseiten:

http://www.obhut.at/site/obwohl/I-Ku-Kalender%202008.pdf
http://www.feiertagskalender.ch

http://www.inforel.ch
http://www.weltreligionen.at/content/site/aktuelles/index.html
http://www.feste-der-religionen.de
http://www.religion-online.info/

Muslimische Akademie in Deutschland

http://www.muslimische-akademie.de

Die Muslimische Akademie in Deutschland will durch ihre verschiedenen Aktivitäten einen Beitrag zur offenen Gesellschaft leisten, indem sie Wissen über den Islam und die Muslime vermittelt und das wechselseitige Verständnis fördert. Sie schließt eine Lücke im System der deutschen politischen Bildung mit parteinahen politischen Stiftungen und Akademien der christlichen Kirchen.

Webprojekt Muslimische-Stimmen.de
http://www.muslimische-stimmen.de

Das im Sommer 2005 gestartete unabhängige Webprojekt Muslimische-Stimmen.de hat sich zum Ziel gesetzt, den Austausch unter und mit Muslimen in Deutschland zu fördern. Das Projekt versteht sich als Plattform für pluralistische und konstruktive Diskussionen.

9.1.6 Sonstige Informationen

Arbeitskreis Neue Erziehung

Arbeitskreis Neue Erziehung bietet neben den mehrsprachigen Elternbriefen Informationen zur interkulturellen Erziehung und Sprachförderung:
Boppstraße 10 · 10967 Berlin · Tel.: 25900623 · E-Mail: ane@ane.de

Projekt Kinderwelten

Institut für den Situationsansatz, Internationale Akademie gGmbH Projektbüro:
Yorckstraße 4–11 · 10965 Berlin · Tel. 030 902983536 37

www.kinderwelten.net

MediNetz Bonn

www.medinetzbonn.de

Hier handelt es sich um eine medizinische Vermittlungsstelle für Flüchtlinge, MigrantInnen, Menschen ohne Papiere, mit Links zur medizinischen Versorgung in anderen Bundesländern.

9.2 Reflexions-/Evaluationsbögen

Mit den folgenden Arbeitsbögen können Sie sich systematisch einen Überblick über unterschiedliche Aspekte Ihrer interkulturellen Arbeit machen. Die Vorlagen sind den Arbeitshilfen „Familienbildung in NRW" der Landesarbeitgemeinschaft der Familienbildungseinrichtungen Nordrhein-Westfahlen entnommen.

Sie finden unter: http://www.familienbildung-in-nrw.de weitere Arbeitsblätter und Hinweise.

Reflexionsbogen zur ersten Bestandsaufnahme über die interkulturelle Arbeit in der Kindertageseinrichtung

- Wir verschaffen uns einen Überblick:
  Anzahl der Kinder gesamt:
  Anzahl der Kinder mit Migrationshintergrund:

Davon			
Kind	Herkunftsland		Familiensprache
	Mutter	Vater	

- Unsere Mitarbeitenden in der Kita
  - der biografische Hintergrund:
  - wo geboren:
  - wo gelebt:
  - Herkunftsland der Eltern:
  - Zuwanderungsgeschichte der Familie:

- die Erfahrungen der Mitarbeitenden in der Arbeit mit Familien mit Zuwanderungsgeschichte:
  - durch die Arbeit in Kitas mit hohem Migrantenanteil:
  - durch Fortbildungen zu interkultureller Arbeit mit folgenden Themen:
  - durch die Arbeit im Ehrenamt:
  - durch Studium und Literatur:
  - durch:

Reflexionsbogen zum bisherigen interkulturellen Zusammenleben

Das bisherige interkulturelle Zusammenleben in der Kita zeigt sich durch:
(Bitte ankreuzen)

- Die verschiedenen Kulturen in der Kita sind bekannt und werden berücksichtigt

  ☐ Ja ☐ Nein ☐ teilweise

  Anmerkungen, weitere Informationen/Konsequenz:

  ____

- An der räumlichen Gestaltung der Kita ist zu erkennen, dass Kinder verschiedener Kulturen hier leben

  ☐ Ja ☐ Nein ☐ teilweise

  Anmerkungen, weitere Informationen/Konsequenz:

  ____

- Die gegenseitige Offenheit und Neugier wird durch ein entsprechendes Angebot (Spiele, Projekte) geweckt

  ☐ Ja ☐ Nein ☐ teilweise

  Anmerkungen, weitere Informationen/Konsequenz:

  ____

- Kulturelle Identifikationsmöglichkeiten werden durch ein entsprechendes Programm (gemeinsame Veranstaltungen/Aktionen unter Einbezug der Eltern verschiedenster Herkunftsländer) unterstützt.

  ☐ Ja ☐ Nein ☐ teilweise

  Anmerkungen, weitere Informationen/Konsequenz:

  ____

- Bei der Entwicklung von Konfliktlösungsstrategien werden kulturelle Unterschiede berücksichtigt.

  ☐ Ja ☐ Nein ☐ teilweise

  Anmerkungen, weitere Informationen/Konsequenz:

  ____

Reflexionsbogen zum Umgang mit kultureller Vielfalt

- Die unterschiedlichen Regeln und Sitten beim Essen werden respektiert und in den Alltag der Kita einbezogen

  ☐ Ja ☐ Nein ☐ teilweise

  Anmerkungen, weitere Informationen/Konsequenz:

  ____

  ____

- Die Mehrsprachigkeit wird als Vielfalt und Reichtum erlebt

  ☐ Ja ☐ Nein ☐ teilweise

  Anmerkungen, weitere Informationen/Konsequenz:

  ____

  ____

- Die Voraussetzung der Muttersprache als Grundlage des Erwerbs einer Zweitsprache wird akzeptiert und berücksichtigt.

  ☐ Ja ☐ Nein ☐ teilweise

  Anmerkungen, weitere Informationen/Konsequenz:

  ____

  ____

- Die systematische Forderung der deutschen Sprache ist Bestandteil des pädagogischen Handelns

  ☐ Ja ☐ Nein ☐ teilweise

  Anmerkungen, weitere Informationen/Konsequenz:

  ____

  ____

- Interkulturelle Aspekte und Wertefragen werden bei der Planung von Elternarbeit berücksichtigt (Elternabende, Bildungsangebote, Aufnahme- und Entwicklungsgespräche ...)

  ☐ Ja ☐ Nein ☐ teilweise

  Anmerkungen, weitere Informationen/Konsequenz:

  ____

  ____

Reflexionsbogen zum Umgang mit sprachlicher Vielfalt

- Sprachbarrieren und Schwellenängste werden bei der Planung und Durchführung von Elternarbeit berücksichtigt

  ☐ Ja ☐ Nein ☐ teilweise

  Anmerkungen, weitere Informationen/Konsequenz:

  ____

  ____

- Eltern werden als Experten ihrer Familienkultur angesprochen und aktiv in die Arbeit einbezogen

  ☐ Ja ☐ Nein ☐ teilweise

  Anmerkungen, weitere Informationen/Konsequenz:

  ____

  ____

- Interkulturelles Lernen und Sprachförderung sind Bestandteil der Kita Konzeption/ Leitbild

  ☐ Ja ☐ Nein ☐ teilweise

  Anmerkungen, weitere Informationen/Konsequenz:

  ____

  ____

Reflexionsbogen zu aktuellen Erfordernissen

- Folgende Situationen mit interkulturellem Hintergrund beschäftigen uns zurzeit in unserer Einrichtung
  - Bei Kindern sind erhebliche Sprachdefizite festzustellen
  - Mit einzelnen Eltern ist es schwer, in Kontakt zu kommen
  - Eltern haben zu hohe Erwartungen an unsere Einrichtung
  - Die Kinder aus den unterschiedlichen Herkunftsländern bilden Untergruppen und reden zu wenig Deutsch miteinander
  - Einzelne Kinder machen diskriminierende Bemerkungen über Migrantenkinder
  - Kulturell bedingte Haltungen und Verhaltensweisen der Kinder belasten die pädagogische Arbeit
  - Die Eltern mit Migrationshintergrund lassen sich schwer in das Geschehen in der Kita einbinden

- Zur Intensivierung der Arbeit mit Kindern/Familien aus verschiedenen Herkunftsländern und Kulturen sehen wir in nächster Zeit folgende Schwerpunkte (wie oben, bitte ankreuzen)
  - Gezielte Sprachförderung der Kinder
  - Die Fremdsprachen werden in den Kita-Alltag einbezogen (Lieder, Spiele, Bücher aus anderen Kulturen)
  - Einbindung der Eltern in das Geschehen in der Kita
  - Feste feiern und Aktionen planen unter Berücksichtigung der jeweiligen Traditionen und Rituale aus den Herkunftsländern
  - Berücksichtigung religiöser Feste/Feiern
  - Klären und Bewusstmachen der Einstellungen und Gefühle gegenüber den Familien, Migrationshintergrund beim Kita-Team
  - Konzeptionsarbeit im Team
  - Zusammenarbeit mit anderen Institutionen und Fachdiensten im Stadtteil, die sich besonders mit Zuwandererfamilien befassen
  - Darstellung der interkulturellen Arbeit nach außen, verstärkte Öffentlichkeitsarbeit
  - Fortbildungsangebote zum interkulturellen Lernen wahrnehmen

9.3 Brückenkarten

Im Folgenden finden sie die im Kapitel über weitere Materialien zur Unterstützung mehrsprachig aufwachsender Kinder und ihrer Eltern vorgestellten Brückenkarten (zur Nutzung vgl. Seite 77f.) aus dem Förderprogramm „Sprachförderkoffer" von Engin & Walter (2003).

Brückenkarte Arabisch

ARABISCH

1. ICH HEIẞE … . UND WIE HEIẞT DU?

اسمي سارة . ما اسمكَ ؟ ما اسمكِ؟ شو اسمَك؟ شو اسمك؟

'ismi (Sara) . schu is'mak (männlich) / is'mek (weiblich)?

2. GUTEN TAG / GUTEN MORGEN

صباح الخير ؟ مرحبة .

'marhba. / sabach al ke'ir.

3. AUF WIEDERSEHEN. BIS MORGEN.

مع السلامة . نراكم غداً . (نشوفكم بكرة).

maa al sa'lame. baj.

4. DEINE MUTTER KOMMT BALD, UM DICH ABZUHOLEN.

أمَك راح تجي تاخدَك بعد شوي./ أمِك راح تجي تاخدِك بعد شوي .

imak (männlich) / imek (weiblich) rah 'tischi 'tachdak (männlich) / 'tachdek (weiblich) baad schu'wei.

5. WAS HAST DU? / WAS IST LOS? / WARUM WEINST DU?

مابكَ ؟ ما بكِ ؟ شو مالك ؟ شو مالِك ؟ ايش في ؟

schu an'dak (männlich) / an'dek (weiblich) ? / schu 'malak (männlich) / 'malek (weiblich) ? / schu fi ?
lesch am 'tibki ?

6. MUSST DU AUF DIE TOILETTE?

بدَك تروح عل حمّام؟ بدِ تروحي عل حمّام ؟

la'sim truch (männlich) / truchi (weiblich) al ha'mami ?

ARABISCH

7. MÖCHTEST DU MITSPIELEN?

bi'dak ti'laab (männlich) / ti'laabi (weiblich) 'mana ?

8. KANN ICH DIR HELFEN?

فيني ساعدك ؟ فيني ساعدِك ؟

'mumkin saa'dak (männlich) / saa'dek (weiblich) ?

9. ZEIG MIR BITTE, WAS DU MÖCHTEST.

فرجيني شوبدَك . فرجيني شو بدِك . (راويني)

far'schini schu be'dak (männlich) / be'dek (weiblich).

10. KANNST DU DAS BITTE AUF DEUTSCH (IN MEINER SPRACHE) SAGEN, ICH VERSTEHE DICH SONST NICHT.

أنا مافهمت عليك (عليكي) قول شوبدك ./ قولي شو بدِك بل الألماني

'mumkin 'tachki bil al'mani ? ma bifham a'leik (männlich) / a'leiki (weiblich).

ERLÄUTERUNGEN ZUR AUSSPRACHE

تم كتابة الكلمات الورادة حسب اللغة العامية الدارجة في لبنان / فلسطين على اعتبار أن

العرب الموجودين في برلين قادمين من تلك المنطقة .

(Libanon(Syrien)
Das Zeichen ´ steht vor der Silbe, die betont werden muss.
Die Buchstaben werden mit den normalen deutschen Lautwerten ausgesprochen.

Brückenkarte Griechisch

GRIECHISCH

1. **ICH HEIßE ... . UND WIE HEIßT DU?**

λεγομε ... Κε πως σε λενε εσσενα?
'lägome ... . kä poss sä 'läne es'säna?

2. **GUTEN TAG / GUTEN MORGEN**

Χερετε. / Καλι μερα.
'chärete. / 'kali 'mära.

3. **AUF WIEDERSEHEN. BIS MORGEN.**

Αντιο. Μεχρι ανριο.
andio. 'mächri 'awrio.

4. **DEINE MUTTER KOMMT BALD, UM DICH ABZUHOLEN.**

Ι μαμασου ερχετε σε λιγο να σε παρι.
i ma'masu 'erchete sä 'ligo na sä 'pari.

5. **WAS HAST DU? / WAS IST LOS? / WARUM WEINST DU?**

Τι εχισ? / Τι σιμβενι? / Γιατι κλεσ?
ti 'echis? ti sim'wähni? gia'ti kless?

6. **MUSST DU AUF DIE TOILETTE?**

Θεσ να πασ στιν τουαλετα?
dess na pass stin tua'letta?

GRIECHISCH

7. **MÖCHTEST DU MITSPIELEN?**

Θελισ εσι να πεχισ (μασιμου, μασιμασ)?
'dälis 'essi na 'päxis ('masimu, 'masimas)?

8. **KANN ICH DIR HELFEN?**

μπορο να σε βοηθησο?
'boro na se woi'disso?

9. **ZEIG MIR BITTE, WAS DU MÖCHTEST.**

Δειξε μον σε παρακαλο τι θελις.
'dixe mu se paraka'lo ti 'dälis.

10. **KANNST DU DAS BITTE AUF DEUTSCH (IN MEINER SPRACHE) SAGEN, ICH VERSTEHE DICH SONST NICHT.**

Μπορις σε παρακαλο να μου το πισ στα γερμανικα
(στιν γλοσσαμον)γιατι δεν σε καταλαβενο?
'boris se paraka'lo na mu to piss sta jermani'ka (stin 'glossamu) gia'ti denn sä katala'weno?

ERLÄUTERUNGEN ZUR AUSSPRACHE

Das Zeichen ´ steht vor der Silbe, die betont werden muss.
Doppelkonsonanten bedeuten, dass der vorangehende Vokal (sehr) kurz ausgesprochen wird.
Alle anderen Buchstaben werden mit den normalen deutschen Lautwerten ausgesprochen.

Brückenkarte Italienisch

ITALIENISCH

1. ICH HEIßE … . UND WIE HEIßT DU?

Mi chiamo … . E tu come ti chiami?
mi ki'amo … . e tu, kome ti ki'ami ?

2. GUTEN TAG / GUTEN MORGEN

Buon giorno.
bon 'dschorno.

3. AUF WIEDERSEHEN. BIS MORGEN.

Arrivederci: a domani.
ariwe'dertschi. a do'mani.

4. DEINE MUTTER KOMMT BALD, UM DICH ABZUHOLEN.

La tua mama verrà presto a prenderti.
la 'tua 'mama we'ra 'presto a 'prenderti.

5. WAS HAST DU? / WAS IST LOS? / WARUM WEINST DU?

Che cosa hai? Cosa ē successo? Perchē piangi ?
ke 'kosa ai ? 'kosa e su 'tscheso ? per'kee pi'andschi ?

6. MUSST DU AUF DIE TOILETTE?

Devi andare in bagno?
'dewi an'dare in 'banjo ?

ITALIENISCH

7. MÖCHTEST DU MITSPIELEN?

Vorresti giocare insieme?
wo'resti dscho'kare ins'jeme?

8. KANN ICH DIR HELFEN?

Posso aiutarti?
posso aju'tarti?

9. ZEIG MIR BITTE, WAS DU MÖCHTEST.

Fammi vedere cosa vuoi.
'fami we'dere 'kosa wu'oi.

10. KANNST DU DAS BITTE AUF DEUTSCH (IN MEINER SPRACHE) SAGEN, ICH VERSTEHE DICH SONST NICHT.

Puoi dirlo per piacere in tedesco (la mia lingua), altrimenti non ti capisco.
pzu'oi 'dirlo per pia'tschere in te'desco (la mia 'lingua), altri'menti non ti ka'pisko.

ERLÄUTERUNGEN ZUR AUSSPRACHE

Das Zeichen ´ steht vor der Silbe, die betont werden muss.
Die Buchstaben werden mit den normalen deutschen Lautwerten ausgesprochen.

Brückenkarte Kroatisch

KROATISCH

1. ICH HEIßE … . UND WIE HEIßT DU?

Ja se zovem… . A kako se ti zoveš?
ja se 'sowem … . a kako se ti 'sowesch?

2. GUTEN TAG / GUTEN MORGEN

Dobar dan / Dobro jutro
'dobar dan. / 'dobro 'jutro.

3. AUF WIEDERSEHEN. BIS MORGEN.

Doviđenja: do sutra.
dowi'dschenja. do 'sutra.

4. DEINE MUTTER KOMMT BALD, UM DICH ABZUHOLEN.

Tvoja mama će doći uskoro po tebe.
'twoja 'mama tsche 'dootschi us'koro po tebe.

5. WAS HAST DU? / WAS IST LOS? / WARUM WEINST DU?

Što ti je? Što je bilo? Zašto plačeš?
schto ti je ? schto je 'biljo ? 'saschto 'platschetsch ?

6. MUSST DU AUF DIE TOILETTE?

Moraš li ići na zahod?
'morasch li 'itschi na 'sahod ?

KROATISCH

7. MÖCHTEST DU MITSPIELEN?

Hoćeš li se igrati sa nama?
'hotschesch li se 'igrati sa nama ?

8. KANN ICH DIR HELFEN?

Mogu li ti pomoći?
'mogu li ti 'pomotschi ?

9. ZEIG MIR BITTE, WAS DU MÖCHTEST.

Pokaži mi molim te što želiš.
po'kaaschi mi 'molim te schto 'schelisch.

10. KANNST DU DAS BITTE AUF DEUTSCH (IN MEINER SPRACHE) SAGEN, ICH VERSTEHE DICH SONST NICHT.

Možeš li to reći na njemačkom (na mome jeziku) jer te inače ne mogu razumijeti.
'moschesch li to 'retschi na 'njematschkom jer te 'inatsche ne 'mogu ra'zumjeti.

ERLÄUTERUNGEN ZUR AUSSPRACHE

Das Zeichen ' steht vor der Silbe, die betont werden muss.
Die Buchstaben werden mit den normalen deutschen Lautwerten ausgesprochen.

Brückenkarte Kurdisch

KURDISCH

1. ICH HEIßE ... . UND WIE HEIßT DU?

Navê min... / Navê te çîye?
na'we mn ... / na'we te tschi'je ?

2. GUTEN TAG / GUTEN MORGEN

Roj baş / Roj baş (Beyanî baş)
rosch basch. / beja'ni basch.

3. AUF WIEDERSEHEN. BIS MORGEN.

Oxir be. / Heta sibê.
o'chr be. he'ta si'be.

4. DEINE MUTTER KOMMT BALD, UM DICH ABZUHOLEN.

Gavekê din dîya te ê were û te bibe
gawe'ke dn 'dija te e 'were u te bi'be.

5. WAS HAST DU? / WAS IST LOS? / WARUM WEINST DU?

Çîyê te heye? / Çi bu? / Çima digrî?
tschi'je te he'je ? / tschi bu ? / tschma d'gri ?

6. MUSST DU AUF DIE TOILETTE?

Destava te hat? (Tê herî tuwaletê?)
dest 'awa te hat ? (te he'ri tuwale'te ?)

KURDISCH

7. MÖCHTEST DU MITSPIELEN?

Tu jî dixwazî bilîzî?
tu schi d cho'si bli'si ?

8. KANN ICH DIR HELFEN?

Ez dikarim alîkarîya te bikim?
es d'karm alikar'ja te bkm ?

9. ZEIG MIR BITTE, WAS DU MÖCHTEST.

Çî dixwazî, nîşanê min bike.
tschi d cho'si nischa'ne mn bke.

10. KANNST DU DAS BITTE AUF DEUTSCH (IN MEINER SPRACHE) SAGEN, ICH VERSTEHE DICH SONST NICHT.

Tu dikarî bi Elmanî bibêjî? Nexwe ez te fêhm nakim.
tu dka'ri bi elma'ni bi'beschi ? 'nacho es te fem 'nakm.

ERLÄUTERUNGEN ZUR AUSSPRACHE

(Kurmancî-Dialekt)
Das Zeichen ´ steht vor der Silbe, die betont werden muss.
Die Buchstaben werden mit den normalen deutschen Lautwerten ausgesprochen.

Brückenkarte Polnisch

POLNISCH

1. ICH HEIßE … . UND WIE HEIßT DU?

Mam na imię...... Jak Ty masz na imię ?

mam na 'imije … . jak te masch na 'imije?

2. GUTEN TAG / GUTEN MORGEN

Dzień Dobry!

dschenj 'dobre.

3. AUF WIEDERSEHEN. BIS MORGEN.

Do Widzenia! Do jutra!

do wi'senja! do 'jutra!

4. DEINE MUTTER KOMMT BALD, UM DICH ABZUHOLEN.

Twoja mama zaraz po Ciebie przyjdzie.

'tfoja mama saras po 'tschebje pschi'jedschje.

5. WAS HAST DU? / WAS IST LOS? / WARUM WEINST DU?

Co Ci jest? / Co się stało / Dlaczego płaczesz ?

tso tschi jest ? / tso sche'stawo ? / dladscheigo 'pwatesch?

6. MUSST DU AUF DIE TOILETTE?

Musisz iśćdo łazienki ?

'muschisch 'ischtdo wasch'jenki (toalette)?

POLNISCH

7. MÖCHTEST DU MITSPIELEN?

Chcesz się pobawić ?

chtschesch schje po'bawitsch?

8. KANN ICH DIR HELFEN?

Mogę Ci pomóc ?

mogeu tschi 'pomuts?

9. ZEIG MIR BITTE, WAS DU MÖCHTEST.

Pokaż mi co chcesz.

'pokasch mi tso chtschesch.

10. KANNST DU DAS BITTE AUF DEUTSCH (IN MEINER SPRACHE) SAGEN, ICH VERSTEHE DICH SONST NICHT.

Możesz powiedzieć to po niemiecku, inaczej Cię nie rozumiem.

'moschesch po'wijedschitsch to po njem'ietsku, 'inatscheij 'dscheje nje ro'sumijen.

ERLÄUTERUNGEN ZUR AUSSPRACHE

Das Zeichen ´ steht vor der Silbe, die betont werden muss.
Die Buchstaben werden mit den normalen deutschen Lautwerten ausgesprochen.

Brückenkarte Russisch

RUSSISCH

1. ICH HEIßE … . UND WIE HEIßT DU?

Меня зовут … Как тебя зовут?
min'ja sa'vut … . kak tib'ja sa'wut ?

2. GUTEN TAG / GUTEN MORGEN

Добрый день / Доброе утро
'dobri 'djen / 'dobroje 'utro

3. AUF WIEDERSEHEN. BIS MORGEN.

До свидания До завтра.
do sswi'danja do 'savtra.

4. DEINE MUTTER KOMMT BALD, UM DICH ABZUHOLEN.

Твоя мама скоро придет за тобой
twa'ja 'mama 'skoro pri'djot sa ta'boi.

5. WAS HAST DU? / WAS IST LOS? / WARUM WEINST DU?

Что с тобой? Что случилось? Почему ты плачешь?
schto s ta'boi ? schto slu'tschilos ? patsche'mu tui 'platschisch ?

6. MUSST DU AUF DIE TOILETTE?

Ты хочешь в туалет?
tui 'chotschisch w tua'let?

RUSSISCH

7. MÖCHTEST DU MITSPIELEN?

Ты хочешь играть?
tui 'chotschisch i'gratch ?

8. KANN ICH DIR HELFEN?

Помочь тебе?
pa'motsch ti'bje ?

9. ZEIG MIR BITTE, WAS DU MÖCHTEST.

Покажи, пожалуйста, что ты хочешь?
paka'shi, pa'shaluista, schto tui 'chotschisch ?

10. KANNST DU DAS BITTE AUF DEUTSCH (IN MEINER SPRACHE) SAGEN, ICH VERSTEHE DICH SONST NICHT.

Можешь сказать это по-немецки?(на моем языке?), я не понимаю тебя.
'moshisch ska'satch äto po ne'metzki ? ja nje pani'maju ti'bja.

ERLÄUTERUNGEN ZUR AUSSPRACHE

1. Betonung auf der richtigen Silbe, sonst wird das Wort nicht verstanden
2. Laute, die es im Deutschen nicht gibt:
/sh/ wie in "Garage"
/ch/ wird immer gesprochen wie in "Krach"
/o/ Der Laut ist im Russischen immer offen wie im Wort "offen" (auch wenn er betont und daher lang gesprochen wird)

Brückenkarte Serbisch

SERBISCH

1. ICH HEIßE .... UND WIE HEIßT DU?

Ја се зовем… . А како се ти зовеш?
ja se 'sowem … . a kako se ti 'sowesch?

2. GUTEN TAG / GUTEN MORGEN

Добар дан / Добро јутро
'dobar dan. / 'dobro 'jutro.

3. AUF WIEDERSEHEN. BIS MORGEN.

Довиђења: до сутра.
dowi'dschenja. do 'sutra.

4. DEINE MUTTER KOMMT BALD, UM DICH ABZUHOLEN.

Твоја мајка ће доћи ускоро по тебе.
'twoja 'maika tsche 'dootschi us'koro po tebe.

5. WAS HAST DU? / WAS IST LOS? / WARUM WEINST DU?

Шта ти је ? Шта је било ? Зашто плачеш?
schta ti je ? schta je 'biljo ? 'saschto 'platschetsch ?

6. MUSST DU AUF DIE TOILETTE?

Мораш ли ићи на заход?
'morasch li 'itschi na 'sachod ?

SERBISCH

7. MÖCHTEST DU MITSPIELEN?

Хоћеш ли се играти са нама?
'hotschesch li se 'igrati sa nama ?

8. KANN ICH DIR HELFEN?

Могу ли ти помоћи?
'mogu li ti 'pomotschi ?

9. ZEIG MIR BITTE, WAS DU MÖCHTEST.

Покажи ми молим те шта желиш.
po'kaaschi mi 'molim te schta 'schelisch.

10. KANNST DU DAS BITTE AUF DEUTSCH (IN MEINER SPRACHE) SAGEN, ICH VERSTEHE DICH SONST NICHT.

Можеш ли то рећи на немачком (на моме језику)јер
те иначе не могу разумети.
'moschesch li to 'retschi na 'nematschkom jer te 'inatsche ne 'mogu ra'zumeti.

ERLÄUTERUNGEN ZUR AUSSPRACHE

Das Zeichen ' steht vor der Silbe, die betont werden muss.
Die Buchstaben werden mit den normalen deutschen Lautwerten ausgesprochen.

Brückenkarte Türkisch

TÜRKISCH

1. ICH HEIßE … . UND WIE HEIßT DU?

Benim adım ... Senin adın ne?
be'nim a'dm … se'nin a'dn ne ?

2. GUTEN TAG / GUTEN MORGEN

İyi günler. / Günaydın.
i'ji gün'ler. / gü'naidn.

3. AUF WIEDERSEHEN. BIS MORGEN.

Güle güle: Yarın görüşmek üzere.
gü'le gü'le. ja'rn gö'rüschmek ü'sere.

4. DEINE MUTTER KOMMT BALD, UM DICH ABZUHOLEN.

Annen birazdan seni almaya gelecek.
a'nen bir'azdan se'ni al'maja ge'letschek.

5. WAS HAST DU? / WAS IST LOS? / WARUM WEINST DU?

Neyin var? Ne oldu? / Niçin ağlıyorsun?
ne'jin war ? 'ne ol'du ? ni'tschin al'jorsun ?

6. MUSST DU AUF DIE TOILETTE?

Tuvaletin mi geldi?
tuwa'letin mi gel'di ?

TÜRKISCH

7. MÖCHTEST DU MITSPIELEN?

Sen de oynamak ister misin?
'sen de oi'namak is'termi'sin ?

8. KANN ICH DIR HELFEN?

Sana yardım edebilir miyim?
sa'na jar'dm edebi'lirmi'jim ?

9. ZEIG MIR BITTE, WAS DU MÖCHTEST.

Ne istiyorsun, bana göster!
ne isti'jorsun, ba'na gös'ter !

10. KANNST DU DAS BITTE AUF DEUTSCH (IN MEINER SPRACHE) SAGEN, ICH VERSTEHE DICH SONST NICHT.

Almanca söyleyebilir misin, yoksa seni anlamıyorum.
al'mandscha söilejebi'lirmi'sin, jok'sa se'ni an'lamjorum.

ERLÄUTERUNGEN ZUR AUSSPRACHE

Das Zeichen ' steht vor der Silbe, die betont werden muss.
Die Buchstaben werden mit den normalen deutschen Lautwerten ausgesprochen.

9.4 Weitere Übungen zur interkulturellen Sensibilisierung

„Erfahrung ist für mich die höchste Priorität. Der Prüfstein für Gültigkeit ist meine eigene Erfahrung. Keine Idee eines anderen und keine meiner eigenen Ideen ist so maßgeblich wie meine Erfahrung. Ich muss immer wieder zur Erfahrung zurückkehren. Um der Wahrheit, wie sie sich mir als Prozess darstellt, ein Stück näher zukommen" (Losche, 1995 S. 35).

Darum geht es

Interkulturelle Kompetenz ist angesichts der Komplexität moderner Gesellschaften eine der heutigen Schlüsselkompetenzen und muss als Querschnittsaufgabe in den unterschiedlichen Bereichen der pädagogischen Arbeit gesehen werden. Wie gezeigt wurde, erfordert der Erwerb interkultureller Kompetenz neben der interkulturellen Begegnung das interkulturelle Lernen. Im Folgenden werden Ihnen nun Vorschläge für Lernsituationen gemacht, die Sie z. B. im Rahmen von Wochenendseminaren im Team in der Einrichtung durchführen können. Denken Sie daran: Grundlage für interkulturelle Lernprozesse ist Freiwilligkeit.

Grundlage für interkulturelle Lernprozesse ist Freiwilligkeit.

Die vorgeschlagenen Abläufe können variiert werden. Entscheiden Sie selber, wie vertraut sich die Seminarteilnehmer bereits sind oder wie viel Vorkenntnisse es bezüglich der Kulturthematik gibt. Bei der Auswertung ist es wichtig, Hilfestellung und Hinweise zu geben, nicht aber vorzugeben, was erlernt worden sein sollte. Die TeilnehmerInnen sollten sich selbst erfahren, um Einstellungen und Verhaltensweisen zu überprüfen.

Ratespiel zur Leitungsperson oder zum Team

(Vgl. Freise 2005, S. 161)

Ziel: Diese Übung eignet sich zum Kennenlernen und als Einstieg in das Thema „Soziale Wahrnehmung" mit Gruppen, denen Sie als Leitungsperson noch unbekannt sind. Ziel ist es, dass die TeilnehmerInnen erkennen, dass sie sich schon in der ersten Begegnung ein Bild von der bis dahin unbekannten Person machen. Im Anschluss kann diskutiert werden, auf welche Vorinformationen, Schubladen, Klischees zurückgegriffen wurde, um zu den jeweiligen Einschätzungen zu kommen und wann dies im Alltag ebenfalls passiert.

Ablauf: Sie stellen sich zunächst nur mit dem Namen vor und äußern die Vermutung, dass die TeilnehmerInnen alles Weitere über Sie selber herausfinden werden. Bitten Sie nunmehr die TeilnehmerInnen Folgendes zu erraten und tragen Sie die Antworten an der Tafel ein:

Tafelbild:

Was?	Geraten wurde ...	Richtig ist ...
Alter		
Familienstand		
Größe		
Gewicht		
Geburtsort, -region		
Religionszugehörigkeit		
Ausbildung		
Derzeitiger Beruf		
Politische Einstellung		
Hobbys		
Sonstiges		

Tafelbild (entnommen aus Freise 2005, S. 161)

In der anschließenden Diskussion sollte ergründet werden, wie die TeilnehmerInnen zu ihren Einschätzungen gekommen sind. Welche Schubladen/Klischees wurden aktiviert? Welche Zuschreibungen fanden statt? Wieweit treffen sie zu? Wann benutzen wir solche Zuschreibungen im Alltag? Welche Probleme beinhalten solche Zuschreibungen?

Steckbrief

(Vgl. Losche 1995, S.190)

Ziel: Ziel ist es, wie im Ratespiel zur Leitung, die Mechanismen „Sozialer Wahrnehmung" erfahrbar zu machen. In Gruppen, in denen sich die TeilnehmerInnen noch nicht kennen, kann diese Übung auch zum Kennenlernen der TeilnehmerInnen genutzt werden.

Ablauf: Fordern Sie dazu zunächst auf, Namenskarten aufzustellen und auf diese neben dem Namen eine beliebige Eigenschaft zu notieren. Im Anschluss teilen Sie vorbereitete „Steckbriefe" aus:

Steckbrief	
Name:	Eine beliebige Eigenschaft:
Vermuteter persönlicher Hintergrund (Alter, Familienstand, Geburtsort, -region, Religionszugehörigkeit):	
Ausbildung:	
Derzeitiger Beruf:	
Politische Einstellung:	
Hobbys:	
Sonstiges (z. B. Charaktereigenschaften):	

Die TeilnehmerInnen tragen nun ihren Namen und die gewählte Eigenschaft (so wie auf dem Namenskarten) ein und knicken den oberen Abschnitt ab. Danach sammeln Sie die Steckbriefe ein und verteilen sie neu. Achten Sie darauf, dass niemand seinen eigenen Steckbrief zurück erhält. Nun soll jeder der Teilnehmer die Fragen zur Person erraten und eintragen und danach die abgeknickten Steckbriefe an Tafel oder Pinwand anbringen. Es sind nur die geratenen Eigenschaften zu sehen. Die TeilnehmerInnen sollen nun anhand der geratenen bzw. vermuteten Eigenschaften den eigenen Steckbrief suchen und wenn der Steckbrief gefunden wurde, an sich nehmen. In der Auswertung werden nun zunächst die „Treffer" ermittelt. Danach werden exemplarisch Steckbriefe von TeilnehmerInnen, die sich gefunden haben und solche, die sich nicht gefunden haben, vorgelesen. Wie kam es zu den Einschätzungen? Wie wurde vom Namen und einer Eigenschaft auf die anderen Merkmale rückgeschlossen? In der Auswertung kann bei „hoher Trefferquote" exemplarisch die Bedeutung „Sozialer Wahrnehmung" aufgezeigt werden. „Niedrige Fehlerquoten" verweisen auf die Unsicherheit von „Ersten Eindrücken".

Hans und Peter

(Vgl. Losche 1995, S. 190)

Ziel: Die Übung „Hans und Peter" dient zur Verdeutlichung von Wahrnehmungsstörungen beim sogenannten „Ersten Eindruck". Die Übung kann im Anschluss an Steckbrief oder Ratespiel zur Leitung eingesetzt werden oder als Einstiegsübung in Gruppen dienen, die sich schon gut kennen und für die die Steckbriefübung daher nicht geeignet ist.

Ablauf: Bilden Sie zwei Gruppen und verteilen Sie in jeder Gruppe einen der vorgefertigten Fragebögen. Diese sollen individuell bearbeitet werden. Die Auswertung erfolgt durch Auszählung bzw. Handzeichen und wird an der Tafel festgehalten. Erst danach wird aufgedeckt, dass es sich um die gleichen Eigenschaften bei Hans und Peter handelt, nur in umgekehrter Reihenfolge. Die Person, deren positive Eigenschaft zuerst genannt wird, wird in der Regel als angenehmer beurteilt.

Die Übung lässt sich dadurch erweitern, dass H. und P. geschlechtsneutral behandelt werden und gefragt wird, ob es sich bei H. bzw. P. eher um eine Frau oder einen Mann handelt. In der Regel wird die Person mit der Eigenschaft „neidisch“ als Frau angesehen. Auch hier gilt es in der Auswertung zu erfragen, wie Einschätzungen vorgenommen und Bezüge zum alltäglichen Leben hergestellen wurden. Wie sicher ist der „Erste Eindruck“?

Fragebogen 1:

H. ist intelligent – fleißig – impulsiv – kritisch – hartnäckig – neidisch

- Würden Sie die Person gerne zum Freund haben?
- Würden Sie die Person gerne als Arbeitskollegen haben?
- Würden Sie die Person gerne im Sportverein haben?
- Handelt es sich um eine eher angenehme oder eher unangenehme Person?
- Stufen Sie die Person auf einer Beliebtheitsskala von 1 (sehr beliebt) – 6 (sehr unbeliebt) ein.
- Handelt es sich um einen Mann oder eine Frau?

Fragebogen 2:

P. ist neidisch – hartnäckig – kritisch – impulsiv – fleißig – intelligent

- Würden Sie die Person gerne zum Freund haben?
- Würden Sie die Person gerne als Arbeitskollegen haben?
- Würden Sie die Person gerne im Sportverein haben?
- Handelt es sich um eine eher angenehme oder eher unangenehme Person?
- Stufen Sie die Person auf einer Beliebtheitsskala von 1 (sehr beliebt) – 6 (sehr unbeliebt) ein.
- Handelt es sich um einen Mann oder eine Frau?

„Schwarzfahrer“

(Vgl. Selby & Rathenow 2003, S. 214 ff.)

Sie benötigen hierzu den Film „Schwarzfahrer“ (Pepe Danquart 1992, 12 Min.), den Sie über die Landesbildstellen oder die Bundeszentrale für politische Bildung beziehen können. (Alternativ eignet sich auch der Film „Selbstbedienung“ mit Inge Meisel von Michael Muschner 1986, 10 Min.).

Kurzbeschreibung „Schwarzfahrer“: In einer vollen Straßenbahn fragt ein junger Mann mit dunkler Hautfarbe eine ältere Dame mit weißer Hautfarbe, ob der Platz neben ihr frei sei. Als er keine Antwort bekommt, setzt er sich neben sie. Die ältere

Dame beginnt in Richtung der anderen Fahrgäste, den dunkelhäutigen jungen Mann zu beschimpfen und verwendet dabei eine Reihe von gängigen ausländerfeindlichen Klischees. Bis auf zwei Türkisch sprechende Jugendliche und einen kleinen Jungen reagieren die Fahrgäste nicht. Als an der nächsten Station ein Fahrkartenkontrolleur einsteigt zückt die ältere Dame triumphierend ihren Fahrschein. Der junge Mann nimmt ihr blitzschnell den Fahrschein aus der Hand und schluckt ihn herunter. Die folgende Entschuldigung der älteren Dame in Richtung des Kontrolleurs stößt auf Unverständnis, sie sagt: „Der Neger hat meinen Fahrschein gefressen". Darauf der Kontrolleur: „So 'ne blöde Ausrede hab ich noch nie gehört". Die ältere Dame muss mit aussteigen.

(Hinweis: Der Film „Schwarzfahrer" von Pepe Danquart wurde mit dem „Oscar" als bester Kurzfilm ausgezeichnet.)

Ziel: Der Film eignet sich sehr gut als Einstieg in das Thema Vorurteile/Diskriminierung aber auch für Diskussionen zum Thema Zivilcourage (s. hierzu auch Zivilcourage lernen – Analysen/Modelle/Arbeitshilfen, Baden-Württemberg 2004, zu beziehen über die Bundeszentrale für politische Bildung). In der Auswertung der Filme können Assoziationen (z. B. Hautfarbe, Ausländerfeindlichkeit, Darstellung unterschiedlicher Generationen, Ängste, Vorurteile, Rassismus) geäußert werden. Ziel ist es, in einen Austausch darüber zu kommen, wo alltägliche Diskriminierungen und Vorurteile auftauchen, wie sie entstehen und wie man ihnen begegnen kann.

Fragen für die Auswertung des Films:

- Was waren Ihre ersten Eindrücke/Assoziationen?
- Wie wurden die unterschiedlichen Personen dargestellt?
- War die Darstellung realistisch?
- Kennen Sie solche oder ähnliche Situationen?
- Wie entstehen solche Situationen, wie entstehen Vorurteile?
- Warum hat niemand im Film reagiert?
- Wie kann man in solchen oder ähnlichen Situationen reagieren?

Assoziationen zu sozialen und ethnischen Gruppen

(Vgl. emil.ikk.lmu.de)

Ziel: Die Möglichkeit, allgegenwärtige Stereotypen über soziale oder ethnische Gruppen aufzudecken, bietet auch diese Übung, die wenig vorbereitenden Aufwand erfordert.

Ablauf: Die TeilnehmerInnen erhalten vorbereitete Karte, auf denen die Namen von sozialen oder ethnisch/nationalen Gruppen notiert sind (z. B. „Student", „Grieche", „Arbeiter", „Rentner", „Araber" usw.). Die Sitzordnung erfolgt im Stuhlkreis. Nun beginnen Sie einen Ball in die Runde zu werfen. Die erste Person, die den Ball auffängt, muss zu seiner sozialen/ethnischen Gruppen einen Begriff assoziieren. Dann wird der Ball weitergeworfen. Eine Person protokolliert alle Assoziationen.

Am Ende wird über die protokollierten Assoziationen die entsprechende Gruppe vermerkt, auf die sich diese bezogen haben.

Fragen für die Auswertung:

- Was waren die Schwierigkeiten des Spiels, wie wurde es erlebt?
- Für welche Gruppen fiel es besonders schwer zu assoziieren, woran lag dies?
- Wie kam es zu den jeweiligen Assoziationen?
- Wie zutreffend sind diese?
- Assoziiert man im Alltag spontan auch ähnliches?
- Welche (unausgesprochene) Assoziationen gibt es noch?

Bewohner der Insel Albatros

(Idee entnommen aus Selby & Rathenow 2003, S. 212)

Ziel: Wie ist es, wenn fremde Kulturstandards durch die „eigene kulturelle Brille" wahrgenommen werden und welche Interpretationsfehler tauchen auf, wenn beobachtetes Verhalten in eigenkulturelle Schemata „übersetzt" und entsprechend bewertet wird? Mit dieser Übung kann gut in das Thema Kulturunterschiede eingestiegen werden, um im Anschluss zu klären, wo und wann es zu „kulturellen Missverständnissen" kommt, wenn man ohne Hintergrundinformationen interpretiert. Auch kann diskutiert werden, ob es überhaupt möglich ist, „wertfrei" zu beobachten.

Ablauf: Zwei TeilnehmerInnen (eine weibliche Teilnehmerin und ein männlicher Teilnehmer) werden vorab instruiert und gebeten, den Raum zu verlassen. Sie werden gleich als Bewohner der „Insel Albatros" wiederkehren. Die anderen TeilnehmerInnen warten im Raum (am besten im Stuhlkreis). Im Anschluss werden ihnen von den beiden instruierten SeminarteilnehmerInnen drei Szenen aus der Kultur der Insel Albatros vorgespielt, die die TeilnehmerInnen genau beobachten sollen. In der Mitte des Raumes steht ein Stuhl und eine Schale mit Nüssen.

1. Szene: Der männliche Bewohner der Insel Albatros betritt zuerst den Raum, es folgt ihm die Frau. Beide summen beim Betreten des Raumes vor sich hin. Sie gehen einmal an den TeilnehmerInnen im Stuhlkreis vorbei. Bei allen, deren Beine übereinandergeschlagen sind, werden sanft beide Füße auf den Boden gestellt. Der Mann tut dies nur bei männlichen Teilnehmern, die Frau bei Teilnehmern beiderlei Geschlechts.

2. Szene: Im Anschluss setzt sich der männliche Albatrosbewohner auf den Stuhl in der Mitte des Raumes. Die Frau nimmt vor ihm kniend auf dem Boden Platz. Sie reicht ihm die Schale mit Nüssen. Er isst einige Nüsse, dann reicht er die Schale an die Frau zurück.

3. Szene: Nachdem das „Essen" beendet ist, legt der männliche Albatrosbewohner der Frau sanft die Hand auf den Nacken, sie beugt sich dabei nach vorne und berührt mit der Stirn den Boden. Danach erheben sich die beiden, nicken allen zur Verabschiedung freundlich zu und verlassen den Raum.

Auswertung: In der anschließenden Auswertungsrunde werden die SeminarteilnehmerInnen aufgefordert, ihre Eindrücke zu schildern und Stellung zu beziehen, ob sie auf der Insel Albatros leben würden. In der Regel wird das Erlebte so interpretiert, dass die Frauen dem Mann untergeordnet sind bzw. unterdrückt werden. Nach einem ersten Stimmungsbild wird die Folie „Kultur der Menschen auf Albatros“ aufgelegt. Hiernach wird diskutiert, wie es zu den Einschätzungen kommen konnte und welche Beispiele für Vorurteile und Fehleinschätzungen es im „realen“ Alltagsleben gibt

Folienvorlage: Kultur der Menschen auf Albatros

(entnommen aus Selby & Rathenow 2003, S. 213 f.)

- Sind die Menschen auf Albatros zufrieden, summen sie ruhig und leise vor sich hin.
- Die Göttin der Erde ist die höchste Gottheit auf Albatros. Sie wird sehr verehrt. Die Bewohner von Albatros suchen deshalb den Kontakt zur Erde.
- Besucher erweisen den Einheimischen besondere Ehre. Sie achten darauf, dass diese möglichst viel Kontakt zur Erde herstellen, um viel von der Erdenergie aufnehmen zu können. So ist es z.B. wichtig, beim Sitzen beide Füße auf dem Boden zu haben und die Beine nicht übereinander zu schlagen.
- Frauen genießen auf Albatros hohes Ansehen, weil sie die Fähigkeit besitzen, Kinder zu gebären. Sie haben deshalb besondere Privilegien.
- Um sie vor etwaigen Angriffen oder Gefahren zu schützen, müssen die Männer immer einige Schritte vor ihnen gehen.
- Die Männer haben die Pflicht, alle Speisen vorzukosten, bevor die Frauen davon essen.
- Auf Grund des höheren Ansehens haben Frauen das Recht, auf dem Boden zu sitzen, während Männer weiter entfernt von der Erde auf Stühlen Platz nehmen müssen. Nur über ein Ritual ist es Männern erlaubt, nähren Kontakt mit der Gottheit der Erde aufzunehmen. Sie dürfen der Frau, die neben ihnen am Boden sitzt, die Hand auf den Nacken legen, während sie durch das Berühren der Erde mit der Stirn die von dort ausgehende kosmische Energie aufnimmt.
- Ein Teil der Energie fließt dann über die Hand des Mannes auf ihn selbst über. Dieses Ritual wird als besondere Ehre betrachtet.
- Abgesehen von diesem Ritual ist es den Albatros-Männern nicht gestattet, andere Frauen ohne deren vorherige Erlaubnis zu berühren.

Fragen für die Auswertung:

- Was waren Ihre ersten Gedanken als Sie das Verhalten der Bewohner der Insel Albatros gesehen haben?
- Was hat irritiert, wodurch kam es zu Irritationen?
- Kennen Sie ähnliche Gefühle/Gedanken aus dem Alltagsleben?

- Was haben Sie gedacht, als Sie Informationen über die Menschen auf Albatros erhalten haben?
- Glauben Sie, dass es im wirklichen Leben ähnliche Missverständnisse aufgrund fehlender Informationen geben kann?
- Nennen Sie Beispiele für alltägliche Missverständnisse!
- Könnte Ihr alltägliches Verhalten ebenfalls solche Missverständnisse auslösen (wenn ja, wann)?
- Wie kann man diese ausräumen?
- Kann man beobachten, ohne zu interpretieren?

Ausgegrenzt

(Vgl. emil.ikk.lmu.de)

Ziel: Ziel ist es zu erfahren, wie es ist, wenn jemand Ausgrenzung erfährt und die dabei beim Betroffenen ausgelöste emotionale Betroffenheit zu erleben. Diese Übung eignet sich z. B. gut im Anschluss an die Übung „Albatros“. So wurde zunächst deutlich gemacht, wie verschiedene Kulturstandards wirken und bewertet werden, wenn keine Informationen über sie zur Verfügung stehen. Mit der Übung „Ausgegrenzt“ wird nun erfahren, wie sich das „Ausgegrenzt-Sein“ z. B. durch unterschiedliche Kulturstandards oder durch fehlende Informationen über die mehrheitlichen Standards anfühlt.

Ablauf: Zwei Freiwillige werden gebeten, den Raum zu verlassen. Die übrigen SeminarteilnehmerInnen stellen sich im Kreis auf. Der Kreis wird dadurch, dass alle Schulter an Schulter stehen, sehr eng gemacht. Die Anweisung an die TeilnehmerInnen im Kreis lautet nun, die Neuankömmlinge nur dann in den Kreis zu lassen, wenn sie im Abstand von mehr als drei Metern um ihre Aufnahme bitten. Diese Regel wird den beiden Neuankömmlingen natürlich nicht mitgeteilt. Sie werden alles versuchen, um in den Kreis zu kommen. Wahrscheinlich werden die Versuche scheitern. Brechen Sie die Übung nicht zu schnell ab. Warten Sie ab, bis sich Ratlosigkeit oder Resignation einstellt. Über diese Gefühle kann dann in der Auswertung gesprochen werden.

Auswertung: In der Auswertung wird zunächst die Geheimregel aufgedeckt. Im Anschluss können u. a. folgende Fragen besprochen werden:

- Wie fühlte es sich an, ausgegrenzt zu werden?
- Wie fühlte es sich an, auszugrenzen?
- Wo tauchen solche Ausgrenzungen durch Unkenntnis bestimmter Regeln im wirklichen Leben auf?
- Welche „Geheimregeln“ gibt es in der Realität?
- Wie kann man Hilfestellung bei Ausgrenzung leisten?
- Wie kann man Ausgrenzungen vermeiden?

Selektive Wahrnehmung

(Vgl. Losche 1995, S. 180)

Ziel: Durch diese recht einfache Übung wird deutlich, wie Vorurteile oder falsche Informationen zustande kommen. Das Spiel ähnelt dem Kinderspiel „Stille Post“. Die Übung eignet sich für nicht allzu große Gruppen (ca. 8–10 Personen).

Ablauf: Alle TeilnehmerInnen werden bis auf eine Person gebeten den Raum zu verlassen. Der verbliebenen Person lesen Sie einen kurzen Zeitungsausschnitt vor (z. B. über ein Thema, das mit Kultur/Migration o. ä. zusammenhängt). Danach wird eine zweite Person hereingebeten. Ihr wird von der ersten die Geschichte/der Artikel erzählt, sie darf keine Rückfragen stellen. Die zweite Person erzählt das Gehörte nun der dritten usw. Wenn die Geschichte/der Artikel allen TeilnehmerInnen erzählt wurde, lesen Sie den Ursprungstext noch einmal vor. In der Regel werden die letzte Erzählung und der Ursprungstext stark von einander abweichen. Hier werden Informationsverluste und Verzerrungen deutlich.

Fragen für die Auswertung:

- Wie kam es zu den Informationsverlust/Verzerrungen?
- Wo tauchen solche Informationsverlust/Verzerrungen im Alltag auf?
- Wie kommen sie zustande?
- Was hat dies für Auswirkungen?
- Lassen sich Informationsverlust/Verzerrungen vermeiden?
- Wie lassen sich die Auswirkungen vermeiden?

Was ist Kultur?

Thema: Unterscheidung zwischen dem populären und dem wissenschaftlichen Kulturbegriff

Teilnehmer: Diese Übung eignet sich vor allem in Gruppen, die schon einige Vorkenntnisse mitbringen (z. B. zum Thema Vorurteile/“Soziale Wahrnehmung“). Sie kann z. B. auch im Anschluss an das Brainstorming zum Kulturbegriff eingesetzt werden. Ziel ist es zunächst, die Unterschiedlichkeit von Kulturdefinitionen zu verdeutlichen und zu diskutieren. Dann sollte der erweiterte Kulturbegriff für den pädagogischen Zusammenhang eingeführt werden und die wesentlichen Aspekte dieses erweiterten Kulturverständnisses erläutert werden.

Aufgabe: Lassen Sie zunächst Kleingruppen bilden. Sofern dieses nicht schon beim Brainstorming geschehen ist, werden die Teilnehmer gebeten, ihre eigenen Assoziationen zum Begriff „Kultur“ zu sammeln. (Alternativ hierzu wäre es möglich in der Presse Beiträge zu suchen, die das Wort „Kultur“ enthalten oder eine kleine Befragung auf der Straße zum Begriff „Kultur“ durchzuführen).

Nachdem die Ergebnisse vorgestellt wurden und hier bereits das unterschiedliche Verständnis von Kultur im Alltagsgebrauch deutlich wird, geben Sie den Gruppen jeweils eine der folgenden Statements oder Definition zur Bearbeitung:

„Beobachtbar ist immer wieder das Phänomen, dass sich in modernen, nationalistisch organisierten Gesellschaften Gruppenbildungen unter anderem auch nach ethnischer Herkunft und vermeintlichen kulturellen Gemeinsamkeiten vollziehen. Diese scheinbar kulturelle Homogenität von ethnischen Gruppen wird vor allem von außen so wahrgenommen und es wird von den Vietnamesen und den Türken gesprochen. Die ethnischen Gruppen sind aber sehr differenzierte Gebilde und werden von den Menschen, die ihnen scheinbar angehören, auch weitaus ambivalenter wahrgenommen" (Gmende, Schröer & Sting 1999, S. 91).

„Heute heißt es: Es gibt nicht verschiedene Rassen, es gibt aber unterschiedliche Gruppen, die zu unterschiedlichen Kulturen gehören. Im Kern hat sich nichts geändert: die Individuen sind jetzt in den Käfig ihrer Kulturen eingesperrt, wie sie es früher in dem der Rassen waren. Wirklicher Antirassismus muss einem Menschen zugestehen, der Rubrizierung zu entgehen; er darf nicht aufgrund seiner Zugehörigkeit zu einer bestimmten Gemeinschaft definiert werden" (Finkielkraut 2004).

„Allgemein betrachtet, scheint am Ursprung der Gesamtheit der Gebräuche und Regeln, die wir Kultur nennen, die Absicht zu stehen, mit größtmöglicher Klarheit Unterschiede und Trennungen aufzuzeigen und daran hartnäckig festzuhalten. Die Kultur entdeckt den Unterschied, vertieft ihn, erhärtet ihn bis zu Abspaltung und zur Verselbstständigung. Alles, was noch gemeinsam bleibt und Ähnlichkeiten und Vermischungen bezeugt, wird sorgfältig zurückgedrängt, bis es gelöscht ist. Identität bildet sich durch Spaltung und Gegenüberstellung" (Sofri 1998, S. 22).

Kultur ist die Gesamtheit der geistigen und künstlerischen Äußerungen einer Gemeinschaft (Duden).

Kulturen sind Zeichensysteme; sie erfordern von den Lebewesen die Fähigkeit zum Vollzug von Zeichenprozessen spezieller Art und bringen ihnen den Vorteil, dass sie bei der Bewältigung ihrer Lebensprobleme zusätzlich zu der durch den genetischen Kode vererbten Information auf die Lebenserfahrungen ihrer unmittelbaren Vorfahren und Zeitgenossen zurückgreifen können (Posner, 1991).

Die TeilnehmerInnen werden gebeten, ihre vorherigen Assoziationen auf die Definition zu beziehen und herauszufinden, welche der Definitionen oder Statements am geeignetesten erscheint. Im Anschluss diskutieren sie den erweiterten Kulturbegriff (A. Thomas), der als Grundlage der Bildungsmaßnahmen zur interkulturellen Kompetenz genutzt wird.

Kultur ist „ein universelles, für eine Gesellschaft, Organisation und Gruppe aber sehr typisches Orientierungssystem. Dieses Orientierungssystem wird aus spezifischen Symbolen gebildet und in der jeweiligen Gesellschaft usw. tradiert. Es beeinflusst das Wahrnehmen, Denken, Werten und Handeln aller ihrer Mitglieder und definiert somit deren Zugehörigkeit zur Gesellschaft. Kultur als Orientierungssystem strukturiert ein für die sich der Gesellschaft zugehörig fühlenden Individuen spezifisches Handlungsfeld und schafft damit die Voraussetzungen zur Entwicklung eigenständiger Formen der Umweltbewältigung" (Thomas, 1993).

In der Auswertung können Sie auf folgende Aspekte hinweisen, die ein erweitertes Kulturverständnis ausmachen:

- Der Akzent dieses Kulturverständnisses liegt nicht auf „Hochkulturleistungen" wie Musik, Poesie, philosophische Theorie usw., sondern auf der Alltagskultur.
- Kultur tritt nur teilweise offen zutage, entscheidende Bereiche liegen im subjektiven Bewusstsein und äußern sich erst in Handlungen, Interaktionen.
- Kultur ist ein kollektives Phänomen, das aber nicht zwangsläufig ethnisch zu fassen ist. Man kann nationale und regionale, aber auch Kulturen von Organisationen und Berufsgruppen unterscheiden.
- Im Gegensatz dazu stellen ethnisch zentrierte Modelle nur eine meist nationale Kulturzugehörigkeit als die eigentliche oder wesentliche heraus und negieren die Bedeutung weiterer kultureller Gemeinsamkeiten.
- Kulturelle Mehrfachzugehörigkeit bietet die Möglichkeit und schafft die Notwendigkeit, die eigene Identität je unterschiedlich auszulegen.
- Kultur als Orientierungssystem, das unser Denken, Wahrnehmen und Handeln beeinflusst, wird als offenes, sich ständig veränderndes, wandelbares System aufgefasst.
- Interkulturelle Kommunikation findet nicht zwischen Kulturen statt, sondern zwischen Individuen, die mehr oder weniger (!) an verschiedenen kulturellen Bedeutungssystemen teilhaben.

9.5 Verwendete und weiterführende Literatur

Auernheimer Georg: Der sogenannte Kulturkonflikt, Frankfurt a.M. 1988.

Auernheimer, Georg: Einführung in die Interkulturelle Pädagogik, Darmstadt 2007.

Auernheimer, Georg: Notizen zum Kulturbegriff unter dem Aspekt interkultureller Bildung, in Gmende/Schröer/Sting, Weinheim/München 1999.

Bade, Klaus: Ausländer- und Asylpolitik in der Bundesrepublik Deutschland. Grundprobleme und Entwicklungslinien. In: www.library.fes.de/

Balluseck, Hilde v. (Hrsg.): Minderjährige Flüchtlinge. Sozialisationsbedingungen, Akkulturationsstrategien und Unterstützungssysteme. Opladen 2003.

Böhm, Dietmar/Böhm, Regine/Deiss-Niethammer, Birgit: Handbuch Interkulturelles Lernen – Theorie und Praxis für die Arbeit in Kindertageseinrichtungen, Freiburg 1999.

Boehrer, Helga: Deutsch mit Spaß und Spiel, Stuttgart 2004.

Brake, Anna/Büchner, Peter: Bildungsort Familie, in Zeitschrift für Erziehungswissenschaft, 4/2003, Opladen 2003.

Bourdieu, Pierre: Die feinen Unterschiede, Kritik der gesellschaftlichen Urteilskraft, Frankfurt a.M. 1982.

Bundestag: 6. Bericht über die Lage der Ausländerinnen und Ausländer in Deutschland, Berlin 2005.

Bundeszentrale für Politische Bildung (BpB): Argumente gegen den Hass, Bd. II, Textsammlung, Bonn 1993.

Bundeszentrale für Politische Bildung (BpB): Interkulturelles Lernen, Bonn 2000.

Bundeszentrale für Politische Bildung: Unterrichtsideen Bd. II, Weggehen- Angekommen- Migration in der Geschichte, Bonn 2002.

Bundeszentrale für Politische Bildung: Zivilcourage lernen – Analysen/Modelle/Arbeitshilfen, Baden-Württemberg 2004.

Bundesregierung: Der Nationale Integrationsplan, Berlin 2007.

Derman-Sparks, Louise: Anti-Bias-Arbeit mit kleinen Kindern in den USA, Berlin 2001.

Deutscher Bundestag: Sechster Bericht über die Lage der Ausländerinnen und Ausländer in Deutschland, Berlin 2005.

DGB-Bildungswerk: Baustein zur nicht-rassistischen Bildungsarbeit Thüringen e. V., www.baustein.dgb-bwt.de

Diehm, Isabell: Erziehung in der Einwanderungsgesellschaft, Frankfurt a. M. 1993.

Engin, Havva/Walter, Sven: Sprachförderkoffer, Handbuch 2003.

Filtzinger, Otto/Johann, Ellen: Interkulturelle Pädagogik im Elementarbereich, Koblenz 1992.

Filtzinger, Otto: Interkulturelle Erziehung und Bildung in Fried, Lilian/Roux, Susanna (Hrsg.): Pädagogik der frühen Kindheit, Weinheim 2006.

Finkielkraut, Alain: Im Namen des Anderen. Reflektionen über den kommenden Antisemitismus, in: Doron Rabinovici (Hrsg.), Neuer Antisemitismus? Eine globale Debatte, Frankfurt a. M. 2004.

Focali, Ergin: Pädagogik in der globalisierten Moderne – Ziele, aufgaben, Funktion von Pädagogik im Spannungsfeld von Globalisierung und Regionalisierung Münster 2007.

Freise, Josef: Interkulturelle Soziale Arbeit – Theoretische Grundlagen, Handlungsansätze, Übungen zum Erwerb Interkultureller Kompetenz , Schwalbach 2005.

Fried, Lilian/Roux, Susanna (Hrsg.): Pädagogik der frühen Kindheit, Weinheim 2006.

Fthenakis, Wasillios. E. (Hrsg.): Elementarpädagogik nach PISA. Wie aus Kindertagesstätten Bildungseinrichtungen werden können. Freiburg i. Br., 2003.

Gemende, Marion/Schröer, Wolfgang/Sting, Stephan (Hrsg.): Zwischen den Kulturen, Weinheim/München 1999.

Gogolin, Ingrid/Krüger-Potratz, Marianne: Einführung in Interkulturelle Pädagogik, Opladen 2006.

Griese, Christiane/Marburger, Helga: Zwischen Internationalismus und Patriotismus, Frankfurt a.M. 1995.

Grosch, Harald/Leenen, Wolf Rainer: Bausteine zur Grundlegung interkulturellen Lernens in Interkulturelle Bildung, Bonn 2000.

Heitmeyer, Wilhelm/Endrikat, Kirsten: Deutsche Zustände, Frankfurt a.M. 2002.

Honneth, Axel: Kampf um Anerkennung – Zur moralischen Grammatik sozialer Konflikte, Frankfurt a.M. 1998.

Horkheimer, Max: Zur Kritik der instrumentellen Vernunft, Frankfurt a. Main 1962.

Iven, Claudia: Sprache in der Sozialpädagogik, Troisdorf 2006.

Jampert, Karin/Best, Petra/Guadatiello, Angela/Holler, Doris/Zehnbauer, Anne: Schlüsselkompetenz Sprache – Sprachliche Bildung und Förderung im Kindergarten – Konzepte. Projekt. Maßnahmen, Berlin 2005.

Kroeber, Alfred/Kluckhohn, Clyde: Culture. A Critical Review of Concepts and Definitions. Cambridge 1952.

Landeszentrum für Zuwanderung Nordrhein-Westfalen: Interkulturelle Zusammenarbeit mit Eltern – Eine Arbeitshilfe für die Praxis der Kindertageseinrichtu ngen: Arbeitsergebnisse des Fachforums des Landeszentrums für Zuwanderung NRW, Zusammengefasst von Antje Gantner, Wuppertal 2004.

Losche, Helga: Interkulturelle Kommunikation, Sammlung praktischer Spiele u. Übungen, Alling 1995.

Maalouf, Amin: Mörderische Identitäten, Frankfurt a.M. 2000.

Meier-Braun, Karl-Heinz: Deutschland Einwanderungsland. Frankfurt a. M. 2002.

Penner, Zvi: Sprachtherapie und Sprachförderung bei Kindern und Jugendlichen. Stuttgart 2004.

Posner, Roland: Kultur als Zeichensystem: Zur semiotischen Explikation kulturwissenschaftlicher Grundbegriffe, Frankfurt a. M. 1991.

Preissing, Christa/Wagner, Petra (Hrsg.): Kleine Kinder, keine Vorurteile?, Interkulturelle und vorurteilsbewusste Arbeit in Kindertageseinrichtungen, Freiburg 2003.

Preissing, Christa: Und wer bist du? Interkulturelles Leben in der Kita, Weinheim 2000.

Prengel, Annedore: Pädagogik der Vielfalt – Verschiedenheit und Gleichberechtigung in Interkultureller, Feministischer und Integrativer Pädagogik, Opladen 1993.

Preuss-Lausitz, Ulf: Die Kinder des Jahrhunderts – Zur Pädagogik der Vielfalt im Jahr 2000, Weinheim Basel 1993.

Reich, Kerstin: Die Ordnung der Blicke, Neuwied 1998.

Schulz von Thun, Friedemann: Miteinander Reden, Bd. 1, Störungen und Klärungen, Reinbeck b. Hamburg 1998.

Selby, David/Rathenow, Hanns-Fred: Globales Lernen – Praxishandbuch für die Sekundarstufe I und II, Berlin 2003.

Sofri, Adriano: Der Knoten und der Nagel – Ein Buch zur linken Hand, Frankfurt a. M. 1998.

Thomas, Alexander: Kulturvergleichende Psychologie. Göttingen 1993.

Tietze, Wolfgang/Viernickel, Susanne (Hrsg.): Pädagogische Qualität in Tageseinrichtungen für Kinder. Weinheim, Basel, Berlin 2003.

Tramsen Gisela: Gastarbeiterin im Schuldienst-Türkenklassen, Wuppertal 1973

Treibel, Annette: Migration in modernen Gesellschaften, Weinheim/München 1990.

Ulich, Michaela/Oberhuemer, Pamela/Soltendieck, Monika, Staatsinstitut für Frühpädagogik (IFP): Die Welt trifft sich im Kindergarten- Interkulturelle Arbeit und Sprachförderung, Weinheim/Basel/Berlin 2001.

Welsch, Wolfgang: Grenzgänge der Ästhetik, Stuttgart 1996.

Verwendete und weiterführende Internetquellen

http://www.ane.de

http://www.annefrank.de

http://www.baustein.dgb-bwt.de

http://www.bmi.de

http://www.bpb.de

http://www.bundesregierung.de

http://www.emil.ikk.lmu.de/deutch/Handbuch-EMIL-Volltext.pdf

http://www.exil.de

http://www.familienbildung-in-nrw.de

http://www.ifp.bayern.de

http://www.integrationsportal.nrw

http://www.jugendmuseum.de

http://www.Kinderwelten.net

http://www.library.fes.de

http://www.schule-management.de

http://www.tu-dresden.de/sulifg/daf/mailproj/kursbu11.htm

http://www.uni-bielefeld.de/Universitaet/Aktuelles/pdf/Heitmeyer.pdf

http://www.zft-online.de

http://www1.dortmund.de/tiny/cl/Sprachfoerderung/von/Kindern/mit/Migrationshintergrund/download.pdf